Franz-J. Oller (Hg.)

Mein erstes Auto

Klartext

CIP-Einheitsaufnahme – Die Deutsche Bibliothek

Mein erstes Auto / Franz-Josef Oller (Hg.). – 1. Aufl. –
Essen : Klartext, 1996
ISBN 3-88474-513-1
NE: Oller, Franz-Josef [Hrsg.]

1. Auflage November 1996
Gestaltung: Stephan Bartjes
Satz: Klartext Verlag
Lithographie: Digiprint, Erfurt
Druck: Magdeburger Druckerei

ISBN 3-88474-513-1

Auf geht's

Auto im Glück – Hochzeit Jan und Brigitte

Franz-Josef Oller

Und es roch nach Glück und Benzin

Die bewegten Jahre zwischen 1948 und 1973

Wie sich die Bilder gleichen: ein Stück deutsche Autobahn 1948 – leer. Ein Stück deutsche Autobahn 1973 – leer. Ölkrise, der erste autofreie Sonntag. Goldener Oktober im November. So schön war es nie wieder auf deutschen Straßen.

25 Jahre liegen dazwischen, in denen das Auto Allgemeingut wurde. Es war eine bewegte Zeit: von 192.500 Kraftfahrzeugen (1946) ging es auf 3,1 Millionen (1958), auf 11,7 Millionen (1968), auf 17 Millionen (1973) hinauf – fast sechsmal soviele in 15 Jahren, fast 100 Mal soviele in 25 Jahren. Und 40 Millionen sind es heute. Aber auch alles andere sauste mit. Die Bundesstraßen von 24.000 Kilometer (1950) auf 42.000 heute. Die Autobahnen von 2.100 (1950) auf 11.000 heute. Der Benzinpreis von 34 Pfennig auf 1,67 DM heute. Die Urlaubstage von neun (1950) auf 30 heute.

Zwischengas. Es war zunächst noch eine Zeit wie aus dem Gedicht von Erich Kästner: „Die Luft war mild. Und das Auto fuhr. Es roch nach Glück und Benzin ..."

Zwischengas. Es war die Zeit, die sich zu solchen Vergleichen verstieg: „Ich glaube, daß das Auto das genaue Äquivalent der großen gotischen Kathedralen ist. Ich meine damit: eine große Schöpfung der Epoche, die mit Leidenschaft von unbekannten Künstlern erdacht wurde und die in ihrem Bild, wenn nicht überhaupt im Gebrauch von einem ganzen Volk benutzt wird, das sich in ihr ein magisches Objekt zurüstet und aneignet." (Roland Barthes, französischer Essayist und Kritiker)

Zwischengas. „Wir waren ruhig", erinnert sich der Dichter Wolf Wondratschek, „hockten in den alten Autos, drehten am Radio und suchten die Straße nach Süden."

Dahin wollten sie alle. Und so entwickelten sich die Dinge mit ganz eigenem Drive und gerieten alsbald außer Kontrolle. Schon 1959 das erste nachdenkliche Lamento in der „Deutschen Wochenschau": „Nur 18 Prozent sind motorisiert – aber die treffen wir offensichtlich alle da wieder, wo wir glaubten, allein zu sein."

„Panta rhei" – alles fließt, wie es Heraklit Jahrtausende zuvor postuliert hatte? Was ahnten griechische Philosophen denn schon vom deutschen Stau: „In Wirklichkeit dient ein wesentlicher Teil des Individualverkehrs nur dazu, den Auswirkungen eben dieses Verkehrs zu entfliehen." (Jürgen Dahl)

Und man rettete sich, wie immer, wenn man erst einmal gar nicht weiter weiß und in der Erwartung, daß da wieder einmal eine Entwicklung nicht aufzuhalten ist, in Pointen und Bonmots: „Der Fußgänger? Ein Mann, der Frau und Tochter, aber nur zwei Autos hat." Oder: „Ein Fußgänger ist jemand, der nicht mehr weiß, wo er seinen Wagen geparkt, oder ein glücklicher Autofahrer, der einen Parkplatz gefunden hat." Verzweifelt-komisch hieß es über den Kampf zwischen Realität und Wirklichkeit: „Autobahnen? Straßen, die streckenweise wegen Reparatur der Umleitung für den Verkehr geöffnet sind." Und Scheibenwischer? „Eine Haltevorrichtung für Strafzettel" – damals kostete es dem, der 60 statt 30 fuhr, den Klacks von 5 DM, und die Sache mit den Punkten in Flensburg gab es erst seit 1974.

„Das ist doch nicht nötig – ein ganzes Auto?", wehrte sich Heinz Erhardt als diensteifriger Hauptwachtmeister Eberhard Dobermann in seinem Filmchen „Natürlich die Autofahrer" von 1959; ein führerscheinloser Verkehrspo-

lizist, bei dem die Autofahrer nichts zu lachen hatten, bis er selbst bei einer Tombola mit der Losnummer 151 ein VW-Cabrio gewinnt.

Ein ganzes Auto? Mindestens. Denn kaum ein anderer Konsumgegenstand hatte im Nachkriegs-Alltag eine größere symbolische Bedeutung als das Auto – das Wort vom Kraftfahrzeug war ja längst so schnell auf der Strecke geblieben wie in der Frühzeit das von der Motorkutsche. Und war es in den ersten Jahrzehnten nach seiner Erfindung der rasende Abenteuerspielplatz für Helden und andere gutbetuchte Verrückte gewesen und zwischen den beiden Weltkriegen Prestigeobjekt für Politiker, Prominente und andere Privilegierte, verkörperte es bis Anfang der sechziger Jahre das ganz persönliche Wirtschaftswunder und die wiedergewonnene und scheinbar grenzenlose Freiheit, wurden die sechziger Jahre schließlich vom Kraft-Rausch der PS-Steigerung geprägt und von der ungebremste Motorisierung.

Die fünfziger Jahre aber waren die große Zeit der kleinen Wagen – nirgendwo sonst rollte die Kleinwagen-Welle so heftig und kräftig wie in Deutschland. Kleinwagen: „Ein Korsett auf vier Rädern", so der Komiker Danny Kaye; auch menschlich war man sich damals zwangsläufig noch viel, viel näher. Mit steigendem Verkehr aber entstand auch Aggression: „Idiot? Der Fahrer des Autos vor dir." Und wieder waren einige Tiere gleicher als die an-

Die Autobahn Stuttgart – München, zu einer Zeit, als die Straßen leer waren, weil der Verkehr gering war.

deren: „Sportwagen? Eine Sitzgelegenheit, die es einem ermöglicht, von unten her auf all die anderen herabzuschauen." Der Fußballspieler Helmut „Jockel" Bracht aber, nachdem er 1957 mit seiner Borussia Dortmund die deutsche Meisterschaft gewonnen hatte, bekam dafür 500 DM und einen Teppich: ein Läufer für den Läufer, den legte er sich in den Kofferraum. „Wer damals von den Spielern ein eigenes Auto hatte", erinnert er sich, „hatte entweder reiche Eltern oder im Lotto gewonnen"; seiner, ein VW, war ein Dienstwagen.

Das Auto, unser erstes Auto: ein Bezugspunkt für die vielfältigsten Gefühle, Wünsche und Illusionen, ein Ausgangspunkt für Abenteuer, Wagnisse und Erlebnisse. Wovon berichtet unser Buch? Über Erinnerungen an und von Geschichten rund um das erste Auto, also von der Vergänglichkeit der Dinge und der Zeit. Eine „Sentimental Journey", wie es über einem der ersten Kapitel steht – nach einem Evergreen von Doris Day und dem Les Brown Orchester aus dem Jahre 1954.

Und so glühen wir ein wenig vor oder ziehen die Schocke, betätigen den Anlasser und stellen unserem Buch als Motto, als Kühlerfigur quasi, einen Satz von Frederik Vester voran, auch wenn er, der Schriftsteller und Umweltexperte, es ganz anders gemeint hat: „Das Auto ist für die Vergangenheit und nicht für die Zukunft gebaut."

Das „Frankfurter Kreuz" zu einer Zeit, als die Straßen leer waren, weil der Verkehr unterbrochen war.

Eugen Diesel

„Ja", meinte Papa

Wie die Diesels 1898 ihr erstes Auto kauften

Um die Jahrhundertwende dauerte es zuweilen Monate, ehe man wieder einmal ein Automobil fahren sah. Es polterte und stäubte, und wenn es windstill war, dann stand der Benzinduft noch minutenlang in der Luft, der gleiche Geruch wie beim Reinigen der Glacéhandschuhe.

Im Sommer 1898, auf der Zweiten Kraft- und Arbeitsmaschinen-Ausstellung in München, waren einige Automobile zu sehen. Mit ehrfurchtsvoller Scheu bewunderte ich die rot und grün gepolsterten Wagen, deren liegende oder stehende Motoren, zumeist Einzylinder, sich entweder vorn oder hinten oder sogar in der Mitte des Autos befanden. Gerippte Kühlschlangen wanden sich an den abenteuerlichsten Stellen vorn oder hinten oder unter dem Wagen. Die Vorderräder waren kleiner als die Hinterräder. Dünne Pneumatiks konkurrierten mit Vollgummireifen, die mir vertrauenswürdiger erschienen als die Luftreifen, weil sie nicht platzen konnten. Noch war über den Sieg des einen oder des anderen Systems nichts mit Gewißheit vorauszusagen. Alle Gestänge und Hebel waren hübsch vernickelt, und unter den Sitzen und Bodenbrettern steckten mechanische Geheimnisse. Wenn man an einer Kurbel drehte, so würde der Motor zu laufen beginnen. Alsdann konnte der Fahrer sich auf den Sitz schwingen und durch das Betätigen einiger überaus reizvoller Hebel den Wagen in Bewegung setzen.

Solche blitzblanken Wagen auf einer Ausstellung von hoher offizieller Würde mußten, so glaubte ich, eine Art von Vollkommenheit besitzen. Natürlich hatte ich von versagenden Zündungen und Vergasern, die man scherzend „Versager" nannte, und von platzenden Pneumatiks gehört. Ich wußte, daß man dem Automobil noch sehr mißtraute. Sang man doch in München das Schnaderhüpferl:

„Und an Automobil
Is a Wagn, der net will ..."

Ich hatte Blut geleckt. Warum in Gottes Namen besaßen wir noch immer kein Automobil? Meine Propaganda wurde kühner. Ob die Autos auch mal mit Dieselmotoren fahren würden?

„Ja", meinte Papa.

Schließlich begann das Automobil wie ein seliger Vorspuk in unserem Hause umzugehen. Ich sah es am feinen Augenzwinkern meines Vaters, hörte es aus gelegentlichen Bemerkungen. „Ich muß schließlich doch einen Wagen haben. Wenn ich darangehe, einen Diesel-Automotor zu bauen, muß ich was vom Autofahren verstehen." So richtete er das erste Geschütz auf den Widerstand meiner Mutter.

Zu Beginn des Jahres 1905 besprach mein Vater technische Pläne mit der AEG. Dort wurde ihm eröffnet, daß nicht nur Mercedes und Benz und Panhard gute Wagen bauten, sondern auch eine Tochtergesellschaft der AEG, die Neue Automobil-Gesellschaft, abgekürzt NAG, was einen verwandtschaftlichen Klang mit der Muttergesellschaft ergab ...

Papas Bestellung lautete auf ein sechs- bis siebensitziges vierzylindrisches NAG-Doppelphaeton von 20/24 PS mit amerikanischem Klappverdeck und einem aufschraubbaren Limousinenoberteil für den Winter. Das war eine Sache von rund 20.000 Mark. Ich versenkte mich in den Katalog und in violette Zelloidinphotos von bereits gelieferten Wagen, worunter einer, das Landaulet der Schwester des Kaisers, der Fürstin von Schaumburg-Lippe, besonders hervorgehoben war. Meine Mutter ergab sich in ihr Schicksal ...

Es gab noch kein laufendes Band, und die Automobile wurden einzeln unter Berücksichtigung der bürgerlich-individualistischen Wünsche des Bestellers gebaut. Unser Wagen sollte Anfang Juli geliefert werden.

Drei Monate lang warten zu müssen! Ich lebte in Unruhe, las die Motorzeitschriften und wiegte mich in angenehmen Zukunftsträumen, die ja beinahe schon greifbare Wirklichkeit waren. Ein langer Bericht über eine Autoreise mit einem NAG-Wagen durch die Alpen und den Karst regte nicht nur mich, sondern die ganze Familie auf.

Diese Reise war trotz mannigfachster Zwischenfälle mit dem Motor, den Reifen, der Bevölkerung, den Hühnern und Hunden und einem davonfliegenden Rad, was zumal meine Mutter entsetzte, im allgemeinen, wie es hieß, befriedigend und erfolgreich verlaufen, und die Maschinerie der NAG hatte sich, wie es ebenfalls hieß, im großen und ganzen glänzend bewährt.

Das Radeln war in der Wartezeit ein kümmerlicher Ersatz. Ich fuhr zwar schneller als früher, fühlte mich als Automobil, ahmte das Schalten, Gasgeben und Verstellen der Zündung durch die drehbaren Teile eines auf der Lenkstange befestigten Mantelträgers nach und geriet fast in Halluzination, Chauffeur zu sein. Aber es war eben doch ein verdammter Nachteil, daß der Motor fehlte und das Tretrad nicht von selbst gehen wollte.

In einem Augenblick verdrossensten Unmutes fuhr durch unser Haus plötzlich die ungeheure Botschaft: der Wagen sei fertig, er habe die strengsten Probefahrten erfolgreich bestanden, einige Kleinigkeiten nur müßten abgeändert werden, was in den nächsten Tagen geschehen könne, dann würde das Automobil, welches die Fabrikationsnummer 524 trage, prompt per Bahn nach München expediert werden.

Nunmehr trat die Gestalt des Chauffeurs Georg Burgmaier bedeutsam in unseren Gesichtskreis. Ohne Chauffeur kam allenfalls ein technisch erfahrener und motoreifriger Herrenfahrer aus, der sehr viel Zeit hatte und aus dem Umherjagen in der Welt ein Lebensziel machte. Wer indessen in einem anderen Beruf steckte, und war er selbst Ingenieur, der konnte den Chauffeur kaum missen. Fast jeden Tag war etwas am Wagen zu tun. Ventile waren einzuschleifen, Ölkohle vom Kolben zu entfernen, das Gestänge der Abreißzündung nachzustellen, der Vergaser auseinanderzunehmen. Immer wieder war man gezwungen, sich in die Eingeweide des Wagens zu versenken, und da mußte man mit Schraubenschlüssel, Ölkanne und gelbem Schmierfett operieren, das man in Ermangelung einer Fettpresse dick auf den Zeigefinger auftragen und in zahlreiche zugängliche und unzugängliche Staufferbuchsen pressen mußte.

Das Montieren eines Reifens erforderte viel Schweiß und Ärger und volle zwei Stunden. Alles in allem war das nichts für die Herren, die sich damals einen Wagen kaufen und betreiben konnten und die auf eine gewisse Eleganz und „Soigniertheit" Wert legten. Sie hatten im Leben Erfolg gehabt, daher waren sie meistens nicht ganz jung, und sie hatten ein Bäuchlein. Somit hing das Wohlbefinden des Wagens vom Chauffeur ab wie das des Säuglings von der Amme, und der Chauffeur konnte allerhand unkontrollierbare Gewalt über den Wagenbesitzer ausüben. Seine Hauptpflicht war, eine Reihe von Arbeiten rechtzeitig und regelmäßig in der Garage vorzunehmen, damit man nicht auf der Landstraße liegenblieb oder in die Werkstatt mußte. Die Launen des Chauffeurs übertrugen sich fühlbar auf den Wagen.

Der Chauffeur Georg Burgmaier war ein kleiner, vierzigjähriger Schwabe mit der Gesichtsfarbe und dem Ausdruck eines Leberleidenden. Er war nicht gerade liebenswürdig, besaß aber den Vorzug, schon sehr lange Zeit, nämlich einige Jahre lang, Chauffeur zu sein und gute

Zeugnisse bekannter Automobilisten zu besitzen, mit denen er größere Fahrten und sogar einige regelrechte Reisen gemacht hatte. Burgmaier war ein Mercedesverschworener reinsten Wassers. Trat Mercedes in seinen Hör- und Gesichtskreis, so fiel ein lebensfroher Strahl in seine graue Verkniffenheit, und er wurde gesprächig. Auf anderen Wagen gedieh er ganz einfach nicht. Er begann seine Laufbahn bei uns mit düsteren Bemerkungen über die schwere und sträfliche Verwirrung meines Vaters, dessen Wahl auf einen Nichtmercedeswagen, also im Grunde nicht auf ein eigentliches Automobil gefallen war.

Der Güterbahnhof München meldete, daß unser Wagen eingetroffen war. Wir fuhren mit der Straßenbahn hin, denn unseren Pferdewagen hatten wir abgeschafft. Zum Unglück stand neben unserem Waggon auf dem gleichen Geleise ein anderer, der einen roten Mercedes von 40 PS nach München gebracht hatte. Sein Besitzer war ganz in unserer Nähe mit seinem Chauffeur betriebsam, fast hochverräterisch flogen Funken der Sympathie von Burgmaier zur anderen Gruppe hinüber.

Ich hatte mir die Übernahme unseres Autos anders vorgestellt, nämlich als ein rasches Abrollenlassen, Auffüllen mit Benzin und ein fröhlich-stolzes Davonjagen. Der Mercedes aber wurde von den Ladern zuerst vorgenommen. Alsdann machten sie Brotzeit. Die Prozedur mit den Frachtbriefen vollzog sich in schleppendem Tempo. Nach endlosem Umherstehen mußten wir mit der Straßenbahn zum Mittagessen nach Hause fahren, und der zurückbleibende Burgmaier sollte so rasch wie möglich mit dem Wagen nachkommen. So wurde ich um die Sensation des ersten Ankurbelns betrogen.

Sofort nach dem Essen stürmte ich mit dem Rad davon, um von der Terrasse der Friedenssäule aus über die Isarbrücke hinweg zur Prinzregentenstraße hinabzuspähen, durch welche der Wagen kommen mußte. Ich hatte Herzklopfen, und gewiß war ich auch etwas blaß. Von ferne klang näherrückendes Brausen. Der rote Wagen rollte herbei, schmuck mit seinem goldbronzierten, kreisförmigen Röhrchenkühler, dem originellen Wahrzeichen der NAG. Aber, weiß Gott, das Ding machte doch mehr Radau als ich gedacht hatte, und damit zerstob eine gewisse Illusion, die nämlich, daß der Wagen, mit Papas Worten zu sprechen, so leise gehen würde wie ein elektrischer. Burgmaier kam die Bergschleife herauf. Ich winkte, er verzog seinen Mund zu einem kümmerlichen Lächeln und überholte mich. Da dachte ich, was ich doch für ein saudummer Depp gewesen war, mit dem Rad dem Auto entgegenzufahren, anstatt zu gehen und ins Auto einzusteigen. Jetzt war ich um fünfhundert Meter Autofahrt gebracht und mußte dem Wagen verzweifelt trampelnd nachjagen. Dabei blähte ich meine Nüstern, um den Benzinduft einzuatmen.

Alle stürzten zum Wagen hinab. Sie hoben einige Stellen des Schonbezuges von den Druckknöpfen ab, um das herrliche blaugraue Leder zu sehen, das so geschmackvoll mit der weinroten Lackierung des Wagens harmonierte. Burgmaier behauptete brummend, daß dies Rot auch nichts anderes sei als das sogenannte Mercedesrot.

Wir stiegen ein. Im Vergleich zu meiner ersten Autofahrt war das Hineilen auf die Kurven schon weniger erschreckend. Aber noch saßen wir wie auf Nadeln, gleichsam in jedem Augenblick bereit hinauszuspringen. Wir fuhren kaum jemals schneller als vierzig bis fünfzig Kilometer, aber meine Mutter sagte leise zu mir: „Ich werde Papa Vorwürfe machen, daß er einen so schnellen Wagen gekauft hat ..."

Henny Niessen

„Sentimental Journey"

Unterwegs nach 1945: Der Krieg war zu Ende – und manchmal auch das Benzin

HAMBURG, 1949. Wir waren ein damals nicht ganz so unbekanntes Gesangsquartett: Helga Wille und die Nicolets. Wir traten für längere Zeit – „en suite" – mit dem Showtitel „Melodie der Nacht" im Bunker auf dem Hamburger Dom auf, dem Pendant zum Münchner Oktoberfest. Und die „St. Louis", – das Schiff, das mit vielen deutschen Juden 1939 von Hafen zu Hafen geklappert war, wie uns die Besatzung erzählte, um am Ende in Rotterdam zu landen, ohne einen einzigen Juden gerettet zu haben –, die jetzt halb ausgebrannt als Hotelschiff im Hamburger Hafen lag, wurde uns für längere Zeit Heimat, Adresse und polizeilicher Wohnsitz.

DER FÜHRERSCHEIN. Die Gebühr betrug vier Mark. Die Fahrschule hieß Schimmelpfeng. Hamburg war – wie alle anderen Städte – noch weitgehend autofrei. Wer konnte sich zu dieser Zeit auch schon einen Wagen leisten. So ging alles glatt. Das größte Problem für den Fahrlehrer: eine genügend kleine Parklücke zu finden, um für das Rückwärts-Einparken üben zu lassen. Den Rest mußte die Praxis bringen.

DAS AUTO. Es war ein österreichischer Steyr 200 Cabrio, noch aus großdeutschen Zeiten: Baujahr 1939. Die Praxis hieß: tingeln. Tingeln von Berlin bis Köln, von Kiel bis München, von Kleve über Frankfurt nach Zürich. Ich am Steuer, als Beifahrer Eberhard Nickel, Chef und Pianist der Truppe, und hinten außer den drei Kolleginnen mit sehr vielen Koffern voller Kostüme auch noch ein Hund: ein Dackel namens Hexe. Und unseres B = Berlin im Kennzeichen wegen hielten uns viele für Belgier.

AUTOBAHN. Wie gesagt: Wer hatte denn damals schon ein Auto. Alle zwei, höchstens drei Minuten kam uns ein Wagen entgegen. Uralte Dinger waren hauptsächlich unterwegs, Vorkriegsmodelle, feudale Schlitten wie Horch, Mercedes oder manchmal ein Maybach, wie ihn auch unser Kollege Rudi Schuricke („Wenn bei Capri die rote Sonne im Meer versinkt ...") fuhr. Aber auch die Zeichen der neuen Zeit: VWs, frisch auf den Markt gekommen, hoffnungsvolle Kumuluswolken am Nachkriegshimmel, flinke Vorboten des Wirtschaftswunders. Zum Zeitvertreib zählten wir mit, wieviele uns begegneten – an guten Tagen waren es 20 bis 30.

RÜCKWÄRTSFAHREN. Die Serpentinen hinauf zum Heidelberger Schloß. Ich aus Berlin mit dem Führerschein aus Hamburg: zum ersten Mal so enge Kurven. Runterschalten. Zwischengas. Zweiter Gang. Kaffeetrinken am Schloß. Romantik. Und dann die Realität. Wenden am Schloßpark. Die anderen standen draußen und schrien: Rechts einschlagen. Vorwärts. Links einschlagen. Rückwärts. Krach machte es dann und Rumpeldipumpel beim Weiterrangieren, denn an der Stoßstange hing plötzlich ein verklemmter Gartenstuhl. Alles lachte. So schwierig war damals Autofahren – und so einfach Entertainment.

WASSER. Mei, wie oft hatten wir das Wasser vergessen, für den Kühler von elementarer Wichtigkeit. Einmal hatte es einen längeren Fußmarsch zur Folge. Und den Eimer – versprochen und gehalten – mußten wir dann auch noch zurückbringen ...

REIFEN. Irgendwer warnte dann mal: „Eure Reifen sind im Eimer." Abgefahren. Also inserieren. Unser Hauptquartier im Westen war seinerzeit das „Christliche Hospiz" in Bad Salzuflen. Wer – in Österreich sicher kein Problem – hatte in Deutschland schon Reifen für einen Steyr? Einer: ein Kneipier in Wolfsburg. Ein großer, dicker, alter Kerl. Großes Haus, große Klappe: „Was wollt ihr trinken?" Und wollte uns gar nicht mehr fortlassen. Schließlich: „Gut, ihr sollt die Reifen haben. Aber vorher kriege ich noch einen Kuß von dir." Und zeigte auf mich. Vielleicht dachte er: Künstlerinnen, leichte Beute. Nach dem Vorkriegsmotto: „Mutter, häng die Wäsche weg, die Künstler kommen ... " Im Gang zur Garage versuchte er es noch einmal. Waren wir froh, als wir Wolfsburg hinter uns und die Reifen endlich in Bad Salzuflen hatten.

TANKEN. Wo denn? Wieviele Tankstellen gab es denn damals entlang der Autobahn? Einmal, von hier nach da, nachts kein Benzin mehr. Die zwei, drei Wagen, die vorbeikamen, hielten natürlich nicht. Bis Nickel kommandierte: „Mädels, alle raus. Winken!" Und das Wunder geschah: Ein riesiger Armeewagen von den Amis hielt. Helga mit ihrem perfekten Englisch erklärte die verfahrene Lage. Kein Problem. Es wurde ein Schlauch ausgepackt und angesaugt. Nickel kommandierte: „Singen!" Und wir sangen: die „Sentimental Journey" und andere Songs, derweil das Benzin lief, bis der Tank voll war. Zu bezahlen war nichts. Thanks, winkewinke und byebye, auf der Autobahn nachts um halb drei.

Führerschein

Herr Frau Fräulein Henriette Krause
geboren am 11. 12. 26 in Bad Saarow
wohnhaft in
Hotelschiff St. Louis Straße Nr.
erhält die Erlaubnis, nach Ablegung der Prüfung ein Kraftfahrzeug mit Antrieb durch
der Klasse drei zu führen.
8. 2. 1949
Unterschrift des SVA
Liste Nr. 4383/49
Henriette Krause
Eigenhändige Unterschrift des Inhabers

Die Nicolets (rechts): Singen konnten alle vier, den Führerschein und das passende Auto dazu hatte erst einmal nur eine (oben).

Ermano Hoepner

Als die Straßen noch nackt waren

Und auch in Flensburg war Fehlanzeige

Blättern wir noch einmal zurück: um vielleicht vierzig und ein paar Jahre. War die Autofahrerei damals genußvoller? Und wie, sagen die heute Neunmalklugen. Der Motorist war quasi König, die Straßen waren fast leer. Aber ganz so war es eben doch nicht. Die Kraftdroschken von dazumal mit ihren elenden Seilbremsen waren sehr viel unzuverlässiger, sie sprangen nur ungern an. Die nachts am Küchenherd warmzuhaltende Batterie benahm sich meist sehr eigenwillig. Der Chronist zum Beispiel fuhr einen flotten Adler Trumpf „L“ (für Luxus). Immerhin schon mit einer Lenkradschaltung, mit Vorderradantrieb, aber noch mit den üblichen Klappwinkern und mit einer Kurbel ausgerüstet, die an einem Nippel unterhalb der Motorhaube anzusetzen war, wenn der Anlasser wieder einmal versagte. Diese Kurbelei war kein Vergnügen.

Aber zum Glück hatte der pfeilschnelle Adler (bis zu 70 km/h, bergab auch mehr) ganz links am Armaturenbrett einen Handgaszug. Damit eröffnete sich vor allem für den Alleinfahrer eine elegante Lösung: den dritten Gang noch im Stand einlegen, das Handgas ziehen, den Wagen anschieben, ihm dann nachlaufen und rasch hineinspringen. Das gelang meistens – bis auf einmal, ein letztes Mal. Da war der Chauffeur ein wenig zu langsam und das Auto eben doch schneller als gedacht. So fuhr es denn entgegen allen Regeln der Vernunft eilig davon und weiter unten, wo die Straße nicht mehr gerade war, gegen ein Mäuerchen, was schade war.

Wie man weiß, hatten die Straßen damals noch keine weißen Seiten- und Mittelstreifen, schon gar keine Begrenzungspfosten. Sie waren sozusagen nackt. Ganz abgesehen von den viel zu nahe am Kopfstein- oder auch Basaltpflaster stehenden Chausseebäumen, die dem Fahrer in Anbetracht der meist ungleich eingestellten Bremsseile zu denken gaben, wenn er denn so richtig aufdrehte. In der schönen Jahreszeit mit nach vorn aufgeklappter Frontscheibe, im Winter ohne Innenraumheizung, die gab es nicht, aber mit warmen Backsteinen im Fußbereich.

Die Zahl der insgesamt umherrollenden Fahrzeuge war paradiesisch gering, aber die relative Sicherheit war dennoch kleiner. Ampeln hatten Seltenheitswert, die Gurte zum Anschnallen waren noch nicht erfunden, den möglichen Alkohol am Steuer bedachte niemand, nicht einmal der Ordnungshüter an der Ecke. Und in Flensburg gab es wohl die Rum-Hersteller, unter anderem, aber noch keine Sünderkartei. Kein Automobilklub leistete Pannenhilfe. Man fuhr eben wie man fuhr, ernsthaft grübelnd oder auch von der letzten Weinrunde mit Freunden glücklich beschwingt – dennoch wurden weniger schwere Unfälle registriert, relativ gesehen.

Und trotz aller technischen Unzulänglichkeiten: Vielleicht lief das Fahren selbst auf dem schon immer gefürchteten Blaubasalt oder auch auf Lehmstraßen deshalb wie geölt, weil die heute übliche Angeberei mit hoher PS-Power noch nicht „in“ war. Das Chauffieren war wohl in erster Linie eine Sache des Gefühls und der Erfahrung. Anfangs gemächlich und später, wenn denn die Routine überwog, wenn keine Hühner und keine Kuh umherspazierten, auch etwas flotter. Erfahrung war auch gefragt beim fatalen „Platten“ mit Reifenwechsel, der ja beinahe an der Tagesordnung war. Und wenn denn das Gefährt wirklich einmal wieder aus unerklärlichen Gründen im Straßengraben steckte, gab es immer noch den in der Nähe wohnenden Landwirt mit seinem Traktor oder mit einem kräftigen Zugpferd. Ein Hoch auf den Bauernstand!

Vor allem die unerwarteten, die grandiosen Erlebnisse am Rande würzten den sogenannten Überlandverkehr. So sah sich der Reisende auf dem damals schon fertigen, noch himmlisch verwaisten Autobahnteilstück zwischen Kassel und Melsungen bei der Bergabfahrt von einem einzelnen Autorad verfolgt und schließlich überholt. Er wollte schon freundlich grüßen, wie seinerzeit im Verkehr üblich, bis er denn bemerkte: Was da heranpreschte, war sein eigenes Hinterrad. Es hatte sich gelöst und lief nun flink und vorschriftsmäßig auf der Überholspur die Autobahn hinab. Es dauerte eine ganze Weile, bis sich der allmählich langsamer werdende Adler Trumpf „L" (für Luxus) auf die Seite legte.

Aber auch Achse und Nabe waren dazumal noch Produkte handfester Schmiedearbeit, nichts daran hatte sich verbogen. Der mäßig geschockte Tourist brauchte nur das Rad einzufangen, den Wagenheber anzusetzen und alles wieder hübsch miteinander zu verbinden, wenn auch nur provisorisch. Die Reise ging „wie geölt" weiter – bis heute. Wenn auch heute ohne den liebenswerten Adler, dafür in einem Kleinwagen ohne „L" und auf meist fürchterlich verstopften Straßen.

Auto-Museales: Der Autor, zu Besuch bei „seinem" ersten Wagen, einem Adler Cabrio, im Museum für Deutsche Automobilgeschichte in Amerang im Landkreis Rosenheim.

Ludwig Merkle

„Hör auf deine Frau …"

Die unschuldigen Zeiten von damals

Man nennt, besonders wenn man selbst die ersten Jugendjahre bereits hinter sich gebracht hat, die alte Zeit gerne „die gute". Wahrscheinlich haben schon die Schnurkeramiker einander zugerufen: „Mei, war's im Paläolithikum noch schön!"

Nicht weniger begeistert erinnert sich der Autofahrer an vergangene Jahrzehnte. „Ja, damals!" seufzt er in gerührter Fünfziger-Jahre-Nostalgie. „Damals hatte der Volkswagen noch einen Benzinreservehahn. Wenn man den aufgedreht hatte, hat man natürlich hinterher vergessen, ihn nach dem Tanken wieder zuzumachen, und dann saß man das nächstemal irgendwo auf der Landstraße, und im Tank war kein Tropfen Benzin mehr", erzählt der Lotto-Toto-Einnehmer Gustav F. (60). Heute fährt er ein Auto mit Benzinuhr und findet das „schon wesentlich praktischer".

Wir haben – unter geschickter, feinfühliger Ausnutzung des bekannt vorzüglichen Langzeitgedächtnisses älterer Herrschaften – Zeitzeugen ausgefragt: „Bitteschön, wie war es damals?"

„Billig vor allem", hören wir aus dem Munde des pensionierten Amtsrates Friedhelm K. (71). „Meine Frau und ich, wir haben so 1953, 54, 55 öfters in Oberbayern am Chiemsee Urlaub gemacht. Sieben Mark fünfzig hat das pro Kopf und Tag gekostet. Vollpension! Das müssen Sie sich einmal vorstellen. Um das Geld kriegen Sie heute bestenfalls ein Frühstück, wenn Sie Glück haben."

Überhaupt der Urlaub damals! Wo man für jede Grenzüberschreitung ein Carnet oder Triptik haben mußte; wo es – bis 1955 – in Italien, Jugoslawien, Österreich, Spanien und zahlreichen anderen europäischen Ländern noch keine Zwangshaftpflichtversicherung für Kraftfahrzeuge gab; wo eine Autofahrt nach Rom zum Heiligen Vater noch eine Abenteuerreise war.

Die Adria war zwar bereits entdeckt, die Wirte aber gaben sich noch bescheiden. „Wir waren 1953 zum erstenmal in Cattolica, wohnten in einer Pension am Strand. Algenpest gab es noch keine, und wie schadstofffrei das Wasser war, hat niemanden gekümmert. Als wir nach vierzehn Tagen wieder abfuhren, sagte der Wirt: ‚Arrivederci! Und entschuldigen für Essen und Schlafen'." So berichtet uns, heute noch erheitert, der Diplomingenieur Franz W. (64).

Sein Kollege Oskar D. durchquerte damals Spanien. „Wenn man da einen anderen deutschen Autofahrer traf, hat man sich begrüßt und Erfahrungen ausgetauscht. Wo kommen Sie her? Wie sind Sie gefahren? Wie ist die Straße? Wo haben Sie übernachtet? Und hat sich richtig gefreut. Heut, wenn Sie in ein Restaurant einkehren wollen, und es stehen lauter Autos aus Schwaben, aus dem Ruhrgebiet und aus der alten DDR davor, fahren Sie gleich weiter."

Es waren unschuldige Zeiten damals. Rund zwei Millionen Autos fuhren in den Mittfünfziger Jahren in der Bundesrepublik, der Liter Benzin kostete 55 bis 65 Pfennig, und die Zubehörmacher erfanden um die Wette schlanke Autoblumenvasen, einhängbare Autofrühstückstischchen und holprige Autobetten.

Welch hochwertige, ausgezeichnete Verkehrsteilnehmerinnen autofahrende Damen sind, war dazumal noch unbekannt. Die Frau galt als das Dummerchen am Steuer und automobilistisch nur verdienstvoll als besorgte Mahnerin des Gatten. Der berühmte Slogan: „Hör auf deine Frau, fahr vorsichtig!“ wurde in den fünfziger Jahren formuliert.

Die neuen Straßenverkehrsvorschriften von 1956 verboten den waghalsigen Damensitz auf dem Motorroller. Dafür wurde die Parkuhr – zuvor von mehreren Gerichten als unzulässig abgelehnt – gesetzlich anerkannt und, ab dem 1. November 1956, ein Außenrückspiegel vorgeschrieben.

Man fragt sich heute, wie man ohne Außenspiegel überhaupt fahren konnte. Darin sieht der Malermeister Manfred L. (83) trotz scharfgeschliffener Brille kein Problem. Ihm hat 1928 sein Fahrlehrer beigebracht: „Was sich hinter Ihnen abspielt, das kann Ihnen egal sein, darum brauchen Sie sich nicht zu kümmern.“ Deshalb lehnt es Manfred L. noch heute ab, etwaigen Hintermännern auch nur einen Blick zu schenken. Zum Glück ist er in einem ziemlich kleinen Dorf zuhaus und unternimmt nur noch selten größere Ausflüge.

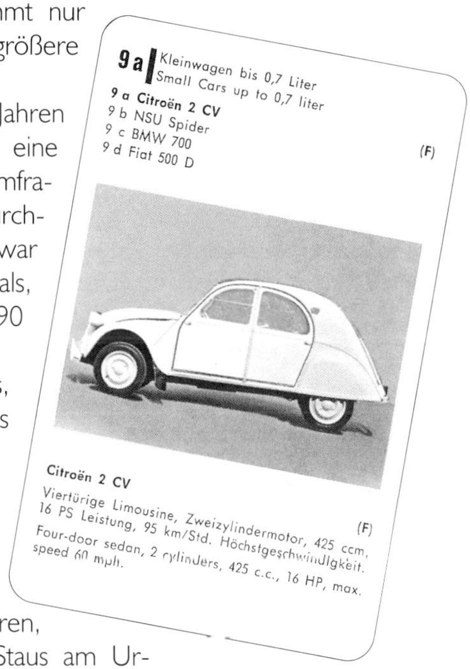

In 50 Jahren werden wir eine neuerliche Umfrageaktion durchführen: Wie war es denn damals, zwischen 1990 und 2000?

Ja damals, werden uns die Autofahrer dann verträumt antworten, da gab's noch die wunderbaren, gemütlichen Staus am Urlaubsanfang und beim Heimfahren, die herrlichen Autobahnbaustellen, und wenn man in die Stadt fuhr, fand man nach spätestens zwei Stunden eine Parklücke, wenn auch meistens etwas entfernt vom eigentlichen Fahrziel.

Ja damals, das war noch eine gute alte Zeit!

Gert Kreyssik

„Lebt der Hitler noch?"

Mit der Vespa 1952 über den Brenner: Triptik, Transit und die Räusche am See

Ein paar Kilometer hinter Franzensfeste, italienisch Fortezza, gab es einen Bahnübergang, dessen Schranken – auch wegen der Rangierzüge – meist geschlossen waren. Hatte man aber das Hindernis überwunden, öffnete sich der weite Bergkessel von Brixen und man spürte hautnah, nun „im Süden" zu sein. Die Bahnschranken gibt es längst nicht mehr. Heute brausen wir auf der Autobahn mit 140 Stundenkilometern dahin, atmosphärische Veränderungen werden kaum wahrgenommen, es geht ganz einfach „Richtung Süden".

Damals, vor mehr als vierzig Jahren, als der Tourismus ganz bescheiden zu rollen begann, waren Italien, Südtirol, Gardasee die ersten „Traumziele". Ich hatte gerade ein italienisches Zweirad-Fahrzeug erworben, das bei uns einiges Aufsehen erregte: eine Vespa.

Also, auf in den Süden! Das heißt zunächst – man kann es sich inzwischen ja kaum noch vorstellen –: Visum beantragen beim italienischen Konsulat. Dazu sind ein Paßbild, 4,10 Mark und 24 Stunden Wartezeit erforderlich. Es ist das 5.066. Visum, das vom Consolato d'Italia Monaco di Baviera ausgestellt wird. Es ist für 14 Tage gültig.

Aber zwischen Bayern und Südtirol liegt ja Österreich. Und was hatte der österreichische Bundeskanzler Figl im Januar 1946 gesagt? „Arbeit und Buße sind für die Deutschen im Augenblick die einzige Medizin – und nicht Erholung in Österreich." Er konnte nicht verhindern, daß Österreich bereits einige Jahre später zum Lieblingsferienland der „Reichsdeutschen" avancierte. Aber zunächst ist, um nach Südtirol zu gelangen, ein Durchreisevisum nötig. Also zweimal zum österreichischen Konsulat in der Münchner Mühlbaurstraße 8 – denn auch hier dauert's 24 Stunden –, dann ist der Sichtvermerk (Gebühr 3 Mark) im Paß. Er gilt für die amerikanische, britische und französische Zone Österreichs, mit dem Hinweis, daß die Durchreise „längstens innerhalb von 72 Stunden beendet sein muß". Und dann braucht man noch ein Triptik oder Carnet de Passage fürs Fahrzeug; das gibt's beim ADAC in der Königinstraße. Und weil die Devisen noch bewirtschaftet sind, stempelt die Bank in den Paß, daß sie für eine „nicht geschäftliche Reise" 17.500 Lire abgegeben hat.

Es regnet in Strömen, der Tankwart in Kiefersfelden, der den Fünf-Liter-Behälter füllt, schüttelt den Kopf, als er auf seine Frage hin erfährt, daß der völlig durchnäßte Vespafahrer nach Südtirol will. Beim Stop in Innsbruck wird die Vespa umlagert und bestaunt wie heutzutage ein neues Automobil auf der IAA. Jenseits des Brenners fällt dann das Gefährt so gut wie nicht mehr auf, es wimmelt von Motorrollern.

Aber was weiß man zu jener Zeit schon über italienische Eßgewohnheiten? Im Ristorante Walther in Bozen – leider gibt es das Speiselokal nicht mehr, in dem ich später noch oft das beste Bollito misto Italiens genossen habe –, im Walther also mache ich erste Station und bestelle selbstverständlich Spaghetti und – Frutta. Vorspeise und Nachspeise. Der deutsch sprechende Ober schaut reichlich pikiert auf den Gast herab, dessen schmales Reisebudget er natürlich nicht kennt. Er bringt einen üppig gefüllten Obstkorb, ich entnehme eine Birne – es war wohl die teuerste, die ich je gegessen habe! Beim näch-

Fünf Liter im Tank und ab in den Süden – via Südtirol, (der Gasthof unverändert bis heute, siehe Seite 22) und Gardasee (siehe Seite 23)

sten Mal wußte ich: Der Frutta-Preis ist konstant, ob du nur eine Birne ißt oder den ganzen Korb leerfrißt. Inzwischen allerdings bekommt man in Italien nur noch selten einen vollen Obstkorb serviert.

Dann Meran, Pension Burgund, vis-à-vis der Passerpromenade, das billigste Zimmer unterm Schrägdach mit Bullauge. Unvergeßlich: Die Dame des Hauses hat durch den Paß meinen Beruf erfahren („Journalist") und drangsaliert mich nun mit von ihr verfaßten Reise-Impressionen und Gedichten. Mein Gott, und mich interessieren nur die vielen netten Mädchen in der berühmten Kurstadt. Die Mädchen: während sie bei uns in neudeutschem Girllook rumstolzieren, tragen sie hier Rock und Bluse, flache Schuhe, den Pulli über die Schulter geworfen – sportlich, chic, unvergeßlich.

Dann der Kalterer See. Die heutige „Südtiroler Weinstraße" ist ein Sträßchen so breit wie ein Fuhrwerk. Der Bademeister von „Gretl am See" hat nur ein Fremdenzimmer, es ist belegt von einem österreichischen Paar, das per Uralt-Motorrad mit Beiwagen reist. „Vielleicht kriagscht bei da Alten da drübn a Quartier." Die „Alte da drüben" hat ihr Haus mitten im Weinberg. Man muß geduckt gehen, um unter den Trauben zu ihr hinzukommen. „Woll", sagt sie, „kannst schon schlafen bei mir." Das Zimmer hat als Fußboden den blanken Erdboden, die Qualität der Liegestatt ist spartanisch, zur Morgentoilette bringt „die Alte" eine Blechschüssel mit kaltem Wasser. Ihr Hauptinteresse – und damit unser wichtigster Gesprächsstoff – ist: Lebt der Hitler noch, oder ist er tot? Manche Menschen beschäftigte diese Frage offenbar noch immer.

Am nächsten Tage Umzug in den „Gasthof Kalterer See", das von außen sehr einladende alte Haus mit Giebel, Erker und Wandbemalung. Das Fremdenzimmer im Dachgeschoß hat einen knarzenden Fußboden und eine Waschschüssel mit Kanne aus rosa verziertem Porzellan. Ich bin wohl der einzige Schlafgast, denn „Betrieb" ist nur unten an der Bar, weil kein Traktorfahrer es versäumt, hier anzuhalten und zwei oder drei Glaselen zu trinken. Erkenntnis: Die Arbeit im Weinberg macht durstig.

Weitere neue Erkenntnis: In Südtirol muß das Glasl immer bis an den Rand gefüllt sein, am Vormittag mit Weißem, sodann mit Rotem. Und weil sich offenbar schnell herumgesprochen hat, daß da einer aus dem „Reich" angekommen ist, sitze ich so manchen Abend im Kreis von jungen Südtirolern, die meist auch Gebirgsjäger waren. Natürlich reden wir uns die Köpfe heiß über die jüngste Vergangenheit. Und immer wieder ist das Glasl bis zum Rand voll. Unvergessene Räusche.

Heute gibt es am Kalterer See feine Herbergen, und „Gretl am See" ist nicht wiederzuerkennen. Es gibt Campingplätze, gepflegte Badestrände, jede Menge Surfer, ein Südtiroler Ferienrevier par excellence. Damals: Nichts von alledem. Die paar Umkleidekabinen aus Holz waren morsch und ohne Türen, der Steg ins Wasser brüchig. Es war herrlich. Wer kann schon sagen: Ich schwamm ganz allein im Kalterer See?

Dann der Gardasee. Enttäuschend. Denn der Himmel ist trüb, der See ohne Licht und Bewegung, und im Albergo Tre Corone in Garda spricht kein Mensch deutsch. Da bist du also plötzlich wirklich „im Ausland". Frei und friedlich. (Vielleicht waren die Eindrücke deshalb besonders intensiv, weil ich ein paar Jahre zuvor eine ähnliche Wegstrecke nachts auf einem Wehrmachts-Lkw und unter der Kontrolle alliierter Jagdbomber hatte zurücklegen müssen. Damals herrschte Lebensgefahr.) Jetzt ging es nur darum, mit Hilfe des Sprachführers das Abendessen zu bestellen.

Auf der „Gardensana" kommt es aber zu einer weiteren neuen Erkenntnis: „Chef" muß man werden und eine lieblich-attraktive Sekretärin haben. Es war nicht viel Verkehr auf der Uferstraße, aber plötzlich stoppt vor dem Vespafahrer ein feiner Vorkriegs-BMW, der ihm nicht unbekannt war. Alsdann: Freundlich-irritiertes Händeschütteln; welch ein Zufall, daß wir uns hier begegnen! Weiterhin gute Reise und viel Vergnügen: Der Junior einer meiner Arbeitgeber ist mit seiner Sekretärin unterwegs. Das gab's eben auch damals schon!

Dann Dolomitenstraße. Karerpaß, Pordoi, Falzarego, rauf und runter. Die Notizen von damals sind schwärmerisch, wie könnte es anders sein („märchenhaft schön", faszinierende Aussicht auf „Sella und Marmolada"). Nicht vermerkt ist das Abenteuerliche. Die Dolomitenstraße ist in ihren Höhenregionen noch nicht geteert, ist ein besserer Schotterweg. Auf den ungezählten Serpentinen kämpft der Vespafahrer in jeder Kurve ums Überleben; er hofft, mit seinen Minireifen nicht aus der Bahn geworfen zu werden oder gar auf den 1. Gang zurückschalten zu müssen. Aber was soll's, auf weiten Strecken ist er ja völlig allein auf weiter Bergstraßenflur – heutzutage unvorstellbar.

Die Vespa schaffte dann auch noch – gar „spielend" – die Großglockner-Hochalpenstraße. Nur der Fahrer fror fürchterlich. Am „Hochtor" hatte es geschneit, und er hatte vergessen, zur Fahrt in den Süden Handschuhe mitzunehmen.

B D
54- 560

Goggomobil 57 – zur Ausstattung: vorn zwei getrennte Sitze, hinten Kindersitzbank – zählten serienmäßig: Heizung, Blinker, zwei (!) Scheibenwischer u.a.m. Die Aufnahme verdankt ihr Entstehen in malerischer Bergwelt der Steigfähigkeit des Fahrzeugs von 30%.

Ein geruhsamer Fotohalt unterbrach den Verkehrsstrom nicht – die Kulisse konnte sorgfältig gewählt werden.

Mit dem Auto wurde die Fremde erobert – zu zweit oder mit der ganzen Familie. Vor der malerischen Perspektive stand dann das Auto fürs Urlaubsfoto, als Beweis, daß man wirklich dagewesen war. Bindeglied zwischen eigenem Erleben und der Fremde, sei es Jugoslawien, die Achenseestraße oder der Campingplatz in Roßmühle.

O du schöner deutscher Rhein: Rituelle Waschungen am Wochenende mit Hilfe eigens mitgebrachter Blecheimer und Gummistiefel reinigten das Auto vom Alltagsschmutz. Also gesäubert wurde ein Ausflug unternommen.

Ludwig Harig

Wir fuhren in der Sonne

Erinnerungen an eine Reise in den Süden, Sommer 1953

Schon mit zwanzig wollten wir den Süden sehen und es den Idolen aus Mode, Film und illustrierten Blättern gleichtun, in Nizza auf der Promenade des Anglais unter Palmen spazierengehen, in Cannes an der Croisette einen Pernod trinken, Eis schlecken im Eispalast, Austern essen an der Austernbude, baden in der Badebucht. Bizarre Geschichten aus der Boulevardpresse hatten Staub aufgewirbelt: Ein amerikanischer Millionär bewundert dreißig Jahre lang von seiner Yacht aus das Bergmassiv des Estérel und stirbt an einer Halsstarre, die ihm den Hauptnervenstrang abdrückt, eine schwedische Filmschauspielerin lehnt in ihrem Garten mit Vorliebe am Stamm eines Trompetenbaums, wird von einer Kreuzotter gebissen und stirbt am Schlangengift. Das war noch vor der Zeit, als Brigitte Bardot ihre Sommertage in St. Tropez zubrachte und Françoise Sagan im offenen Sportwagen durch die Gegend kutschierte und barfuß das Gaspedal bediente – doch es kitzelte uns in der Fußsohle schon ein paar Jahre zuvor, und so waren wir nicht mehr zu halten und brachen im Sommer 1953 aus dem Saarland zum erstenmal in den Süden auf.

Wir reisten zu dritt: Brigitte, mein Bruder Hermann und ich. Wenn ich mir das ganze Drum und Dran dieser Reise heute ins Gedächtnis zurückrufe, kommt es mir vor, als seien damals drei arglose bunte Vögel unterwegs gewesen, auf gut Glück ins Eldorado auszuziehen. Nur wer Tollheit mit Abenteuerlust verwechselt, hätte in uns Nachäffer der drei Musketiere vermuten können, die seinerzeit hoch zu Roß das halbe Europa unsicher gemacht haben. Wir hatten es nicht darauf abgesehen, unser Leben aufs Spiel zu setzen, an Halsstarre zu sterben wie der Millionär oder am Schlangenbiß zugrunde zu gehen wie die Filmschauspielerin – uns stach der Hafer, mit imposantem Automobil und forschem Auftreten ein bißchen Staub aufzuwirbeln.

Kaum in Lothringen angekommen, liefen uns die Kinder nach. Der Mercedes nämlich, den Vater gekauft hatte – Cabrioletlimousine, Typ 170 V, Vorkriegsmodell –, war kein gewöhnliches Auto: Die Trittbretter schwangen sich ausladend an den beiden Seitenfronten des Wagens entlang, die Türgriffe, chromblitzend und solide gefertigt, lagen handlich zwischen Daumen und Fingern, der Kühlergrill glitzerte wie das Gitter eines mondänen Kachelofens, und wir dahinter, auf breiten Lederpolstern, lehnten uns bei heruntergedrehten Scheiben lässig aus dem Fenster, lauschten dem Rauschen der Reifen und dem behaglichen Brummen des Motors. Hermann hatte das Auto neu lackiert, das frische Grün aus Vaters Firmenfarbe hellte nun das vornehme Mercedesschwarz auf, die Farbenkombination war ungebräuchlich und so auffällig, daß die lothringischen Kinder dem Wagen oft bis ans Ende der Ortschaft hinterherliefen ...

Zwischen den Ortschaften erhöhten wir das Tempo, fuhren mit größerer Geschwindigkeit über die weitgeschwungenen Bodenwellen, rollten durch die burgundische Pforte der Saône entlang bis vor die Hügel der Monts d'Or: Das Verdeck war heruntergeklappt, Hermann und ich saßen vorn, weiße Schirmmütze auf dem Kopf, dunkle Sonnenbrille auf der Nase, Brigitte, geborgen im Fond, räkelte sich in der Sonne und ließ Kopftuch und Haare im Fahrtwind flattern. Tief im Unterleib spürten wir das gefederte Hingleiten auf dem Asphalt, die Sonne stand schräg und vergoldete die Berge, das Wasser der Saône glitzerte silbern im Spätlicht. Am Flußufer schlugen wir unser Zelt auf. Heutzutage verstellen Hochhäuser und Fabrikhallen den Ausblick auf den Hügel von Fourvière, das Flußbett ist ausbetoniert, die Wiese gepflastert: Verschüttet sind meine Empfindungen von damals ...

Vor vierzig Jahren fanden wir den rechten Weg wie im Traum. Zwischen runden, schwarzen Schieferkuppen, tief ins Dunkel getrieben vom Hartlaub dichter Kastanien- und Korkeichenwälder und nur selten erhellt von gelbweißen Kalkwänden, durchquerten wir schlafwandlerisch das Massif des Maures, stiegen von Paßhöhe zu Paßhöhe empor, wechselten in kurvenreiche Talfahrten über – und ich genoß, wenn ich am Steuer saß, das Zurückschalten in das sanfte Arbeiten der Kupplung, wenn die Ringbeläge, behutsam gegen die Schwungscheibe gepreßt, das Drehmoment des Motors auf eine andere Getriebewelle übertrugen. Dabei gluckste und gurgelte es leise, die Zahnräder griffen mit einem satten Flutschen ineinander. Wie begierig hatten wir das Schalten gelernt, wie wollüstig übten wir es aus! Hermann beherrschte es virtuos. Es gibt den einen Moment des Gelingens: Nur ein genau dosiertes Zwischengas ermöglicht das reibungslose Wechseln der Gänge. Kein Knirschen, kein Kratzen, kein ohrenzerreißendes Krachen, bei dem einem die Gänsehaut über Arme und Rücken kriecht! Es ist wie bei jeder Kunst: Wenn man weiß, wie die Räder zusammenspielen, genießt man es doppelt! So erreichen wir auf schmaler Serpentinenstraße tief drinnen im Gebirge die kahle, steinige Kuppe, von wo aus wir, wie aus allen Wolken gefallen, in den Garten Eden hinunterschauten. Die Bremsen quietschten, wir sprangen aus dem Wagen, standen stumm nebeneinander und rissen die Augen weit auf ...

Wie freundlich uns im Sommer 1953 die Landschaft entgegenkam! Sie stand nicht einfach da, sie spreizte sich mit Zypressenreihen, zierte sich mit Oleander- und Kakteengewinden wie die Bühne für ein bukolisches Theaterstück. Sie hob und senkte sich, drehte sich in den Kehren und kam uns, in verschiedenerlei Gestalt verwandelt, bis vor die Räder gerollt: Bestickte Paradeteppiche der Küstenhügel wallten über die Häuser hinweg und schütteten Blüten auf den Asphalt, klobige Steinriesen des Estérel, in goldbraune Panzer gehüllt, schritten über die Straße und setzten ihre Füße ins Meer. Ein ständiges Kommen und Gehen, ein Hin und Her, ein Auf und Ab lebendig gewordener Naturgebilde! Nur Faune und Silenen sahen wir keine. Kein Satyr tanzte hinter dem Porphyrfelsen des Pic de l'Ours, keine Nymphe badete im Quellwasser der Siagne! Dafür waren in Farbe gemalte und aus Pappe geschnittene Reklamefiguren zum Leben erweckt. Die drei Ripolinmänner mit Strohhut und Malerpinsel verließen ihre Hauswand in Miramar, und aus seiner Tankstelle von Théoule trat der aufgeblasene Gummimann von Michelin: Überlebensgroß postierten sie sich am Straßenrand, die Reifen rollend, die Pinsel geschultert, und wackelten in unserem Fahrtwind wie sich verbeugende Handelsvertreter mit steifem Kreuz. Wir griffen an unsere Mützenschirme und grüßten, Brigitte lachte und winkte den Pappmännern mit ihrem Kopftuch zu. Wir fuhren in der Sonne, und sie hörte nicht auf zu scheinen ...

Und doch, das Auto war nicht unverwüstlich. Schon in den Callanques des Issanbres, wo Hermann in den engen Kehren ständig runter- und raufschalten mußte, drang aus dem Innern des Getriebes ein feines Sirren an mein Ohr. Zuerst knisterte es nur hin und wieder, zischelte und rieselte, schien mir aber nicht erwähnenswert. Es klang nicht immer bedrohlich, in guten Momenten tönte es sogar wie ein heiteres Charakterstück. Erst als das verhaltene Wispern überhandnahm und zu einem Glucksen und Gurgeln ausartete, faßte ich mir ein Herz und wies Her-

Harigs Mercedes 170 V mit grünen Flanken beim Camping in Südfrankreich ...

mann und Brigitte mit warnenden Worten darauf hin. Beide lachten mich aus, streckten ihre Köpfe aus dem Fenster, runzelten die Stirn, taten so, als lauschten sie zu meiner Beruhigung besonders aufmerksam. „Das ist der Fahrtwind oder der Wind vom Meer", sagte Herrmann, „vielleicht hörst du das Gras wachsen, oder jemand lobt im Augenblick dein Feingefühl, und es klingeln dir die Ohren." Doch das Rappeln und Rasseln war nicht aus der Welt zu schaffen, und beim Hinauffahren nach Villefranche-sur-Mer krachte es in einer Kurve derart schrill und abscheulich, daß Hermann und Brigitte den Spektakel in meinem Ohr auf einmal nicht mehr für eine Einbildung meiner hypochondrischen Natur halten konnten. Am steilen Hang, im Garten einer Villa, bezogen wir einen Campingplatz. Unter einem Feigenbaum schlugen wir unser Zelt auf, stellten den Wagen in der Einfahrt ab und gingen in den darauffolgenden Tagen nur noch zu Fuß. „Das Getriebe muß sich von den Strapazen erholen", meinte Hermann, „ihr werdet's erleben, in ein paar Tagen ist von dem Geräusch nix mehr zu hören ..."

Das Geräusch war geblieben. Bei einer Ausfahrt nach Eze wurde das Rieseln zum Mahlen, bei einem Besuch von Nizza wuchs das Mahlen zum Stampfen an. War ein Ritzel zersprungen, eine Welle gesplittert, ein Zahnrad zerbrochen und taumelten im Schmieröl des Gehäuses? Wurden sie bei den Drehungen der Achse zu Stahlbrei zerstampft? Kronräder, Stirnräder, Kegelräder: Wir blätterten in der Betriebsanleitung, die Herrmann im Handschuhfach mitgeführt hatte, doch wir fanden nur Bedienungs- und Wartungshinweise, darüber, wie wir die selbstzerstörerischen Kräfte bannen sollten, kein Wort. Im Exotischen Garten von Nizza bestaunten wir den Urtyp unserer Spezies, die das alles nach Jahrtausenden folgeschwerer Umwege und Irrwege hervorgebracht hat. Da stand er auf einer Mauerkrone, der Kopf irgendeines mittelmeerischen Neandertalers in Gips, vielleicht eines Cromagnon, eines Prokonsuls. Leider habe ich die genaue Kennzeichnung auf dem Metallschildchen nicht behalten. Hermann, aus einer überraschenden Laune heraus, setzte dem Urmenschen seine Mütze auf. Sie paßte – und ich fotografierte die beiden Hominiden nebeneinander auf der Mauer. Anderntags in aller Herrgottsfrühe schlugen wir das Zelt ab, packten unsere Sachen zusammen und traten die Rückreise an ...

Auf dem Weg zu einer Reparaturwerkstatt, nachdem das Mahlen und Stampfen die Ausmaße einer modernen kakophonischen Musik angenommen, holte Hermann mit einem letzten Fußdruck aufs Gaspedal zu einer schwelgerischen Kadenz aus, auf die ein Mechaniker, der beim Ausbruch des Lärms herbeieilte, den Schlußakkord setzte. Er stürzt aus der Werkstatt, springt in den Wagen, ergreift den Schaltknüppel, kuppelt und schaltet, das Auto macht einen Satz nach vorn – und mit ohrenzerreißender Detonation entlädt sich die Schlagzeugpartie in einem allerletzten Knall. Nur das Räderwerk der künstlichen Nachtigall im Märchen von Andersen hat sein Leben in einem so dramatischen Todeskampf ausgehaucht wie das Getriebe von Vaters Mercedes: „Schwupp!" sagte es inwendig im Vogel, da sprang etwas! „Schnurr!" Alle Räder liefen herum, und dann stand die Musik still. Nach einer Schrecksekunde fiel das Wort Differential, dem ein paar andere hart klingende Wörter folgten: brisé, cassé, éclaté. Der kalte Schauer lief uns über den Rücken. O nein, meinte der

... und ein Jahr zuvor im heimischen Saarland, noch zurückhaltend schwarz

Patron der Reparaturwerkstatt, es bestehe überhaupt kein Grund zur Sorge. Die zerbrochenen Teile seien leicht zu beschaffen, in zwei, drei Tagen habe er sie aus Nizza oder Toulon herbeigeholt, und der Schaden sei im Nu behoben ...

Zu unserem Glück dauerte es nicht zwei, drei Tage, es dauerte zwei, drei Wochen, bis das zersprungene Differential wieder repariert war. In Nizza und auch in Toulon waren die gesuchten Ersatzteile nicht am Lager, nur aus Paris konnten sie bezogen werden, doch es herrschte ein Eisenbahnerstreik, der erst nach einer Woche wieder abgeblasen wurde. So vergnügten wir uns an Ort und

Stelle, bewegten uns vom Wald ins Meer, vom Meer zurück in den Wald. Endlich hatten wir, was wir suchten, tummelten uns den ganzen Tag am Strand, schwammen im Meer, bräunten in der Sonne – und kein mondänes Getue ...

Ende August kam Bescheid aus der Werkstatt: „Das Differential ist repariert, der Mercedes wieder fahrbereit und kann abgeholt werden." Mit dem Bus fuhren wir hin, gingen schnurstracks an die Kasse und nahmen die Rechnung in Empfang. Die Höhe der Summe habe ich vergessen, doch erinnere ich mich an unser jähes Erschrecken. Nicht einmal unsere Armbanduhren und Brigittes Halskettchen mit dem vielgeliebten Aquamarin als Pfand samt aller zusammengekratzten Francstücke hätte ausgereicht, sie zu begleichen. Keine Bange, wir sollten die Rechnung getrost einstecken und von zu Hause aus die Summe per Banküberweisung herschicken, sagte der Patron, er habe sich die Autopapiere und die Nummernschilder genau angeschaut und schließe daraus, daß wir so gut wie keine Ausländer seien. Und auf unserem Führerschein, fügte er aufgeräumt hinzu, sei jeder Vordruck auch in französischer Sprache zu lesen, vom monteur über den cachet bis zur signature. Seine schlitzohrige Miene verriet uns: Er war alles haargenau durchgegangen, Zulassung, Führerscheine, Versicherungspapiere, vielleicht hatte er sich sogar die eingestanzte Motornummer aufnotiert ...

Hamburger Schulkinder

Mein Vater, sein Auto und ich

Der Schreck mit der Schramme

oben links:

„Am Sonntagmorgen, wenn die Mami kocht, fahre ich mit meinem Papi in den Wald. Wir gehen dann um einen kleinen See. Dann essen wir ein Eis. Im Auto muß ich immer hinten sitzen. Mein Papi sagt, das ist besser so." *(Sabine, 7 Jahre)*

oben rechts:

„Mein Vater holperte den Berg runter und war richtig wütend. Er drückte so stark auf das Gaspedal, daß es sich einige Male herumdrehte. Wenn wir ein James-Bond-Auto gehabt hätten, wär das nicht passiert." *(Peter, 12 Jahre)*

unten links:

„Einmal kaufte ich eine Schramme zum Aufkleben. Als mein Vater zur Arbeit fahren wollte, stieß er ein furchtbares Geheul aus. Sein armes Auto. Als seine Wut und sein Geheul auf dem Höhepunkt waren, nahm ich die Schramme ab. Da war er gleich stumm." *(Rita, 12 Jahre)*

unten rechts:

„Vati will nie das Auto waschen. Darum erfinde ich, wenn ich groß bin, ein Auto, das eine Wanne hintendrauf hat, in der eine große Dusche steht, die bis über das Dach geht. Nun kann Vati beim Fahren sein Auto waschen. Die Dusche ist voll Wasser, das den Wagen bespritzt." *(Andrea, 12 Jahre)*

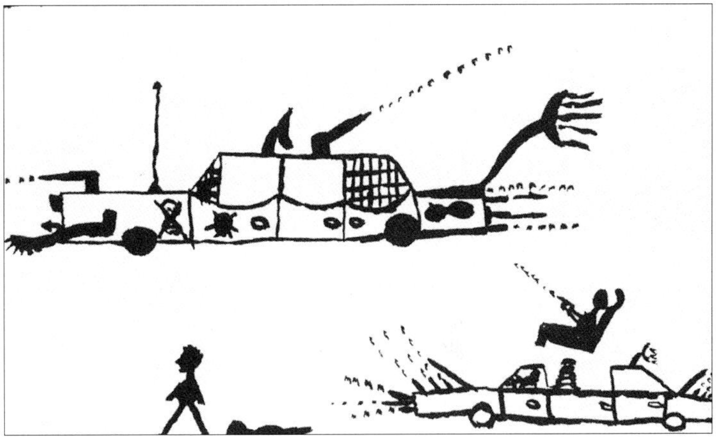

Ha Ha Ha Ha
Hi Hi
HO HO

Jürgen von Manger

Die Führerschein-prüfung

Prüfer: Dipl.-Ing. Schraube, *Prüfling:* Herr Tegtmeier

Schraube: So! Ich glaube, wir können dann mit der theoretischen Prüfung beginnen und ... hier vorn der Herr, kommen Sie doch mal vor! Nein! Da! – ja, Sie meine ich. Ihren Namen sagen Sie mir auch, bitte!

Tegtmeier: Wer – ich?

Schraube: Ja!

Tegtmeier: Wie ich heiße?

Schraube: Ja, ja ...

Tegtmeier: Äh ... – jawohl! – also ... Tegtmeier, das is mein Name!

Schraube: Schön! Ich bin Diplomingenieur Schraube vom Überwachungsverein –

Tegtmeier: Angenehm!

Schraube: Nehmen Sie doch Platz!

Tegtmeier: Jawohl!

Schraube: Nun, Herr Tegtmeier, wir beide müssen uns mal unterhalten, Sie wollen sich ja ans Steuer eines Kraftwagens setzen –

Tegtmeier: Nein! Entschuldigen Sie ... äh ... Führerschein wollt' ich gern machen ... also, daß ich den dann hätte ... daß Sie mir den heute verpassen ...

Schraube: Sicher, das ist ja die Vorbedingung, nicht wahr. Wir müssen jetzt aber erst sehen, ob Sie auch alle Regeln beherrschen und sich im Straßenverkehr richtig benehmen. Also! – nehmen wir mal an, Sie fahren mit Ihrem Pkw – –

Tegtmeier: Nä! – bitteschön, Sie sagen das ja schon wieder falsch, weil ... ich hab ja noch gar kein Auto! Ich hab zwar so'n kleinen Leukoplastbomber anne Hand, von ein Arbeitskollege, aber *hundertfuffzig Mark* will der dafür haben – der is sowieso so'n schrappigen Hund ...

Schraube: Ja nun, Moment mal, schön, das ist ja Ihre Privatsache, das interessiert uns hier aber weniger. Sie sollen jetzt auch nur *annehmen*, Sie *hätten* einen Wagen und wollten eine Fahrt machen. Was ist dann? Was gibt es da für Regeln? Erzählen Sie das jetzt mal!

Tegtmeier: Ja, da gibt es diese ganze Fahr-Regeln.

Schraube: Nämlich?

Tegtmeier: Ich weiß nicht, was Sie jetzt ... anspielen. Es gibt auch noch die ganzen Schilder, wat da so rumsteht ... diese Sachen.

Schraube: Ja, aber jetzt wollen Sie fahren! Was müssen Sie dann ... da gibt's doch Vorschriften ... das geht ja schon vor Antritt der Fahrt los. Was ist da alles erforderlich?

Tegtmeier: Jawohl! Sicher, da ham Sie wieder recht! Also, es geht schon vor Antritt der Fahrt geht es los – oder besser, *ich* gehe los, so um den Wagen herum, und bekucke ihn.

Schraube: Was tun Sie?

Tegtmeier: Wegen die ganze Fahrsicherheit ... muß ich feststellen, ob die da ... alles vorhanden ist. Und kuck ich schon mal, ob schön Luft in die Räder is ... oder: inne Schläuche! – – das heißt, kann ja sein, daß der „Schlauchlose" hat, dann ist das sogar angenehmer, wenn der Wagen hinterher platzt.

Schraube: Was ist das? Was ist los?

Tegtmeier: Ja ... bei „Schlauchlose", wenn ... in voller Fahrt, wenn dat platzt, ... platzt es langsamer! Daß ich vielleicht sogar noch bis zu ne Tankstelle oder bis zu de nächste Werkstatt gelange, und dann is da erst Feierabend ... daß die Luft sich also so lange hält.

Schraube: Schön – ja, ich weiß, was Sie sagen wollen. Aber jetzt mal weiter – Sie haben also den Wagen überprüft, die Luft in den Reifen kontrolliert und: können Sie jetzt fahren?

Tegtmeier: Nein! Jetzt gehe ich in mein Auto rein ... und prüfe ich es weiter. Ich drück schon mal auf'n Lichtknopp ... und den Winker betätige ich – Fahrtrichtungsanzeiger, wie dat Ding'n da heißt –, das ist gut, wenn ich in ein fremdes Grundstück einbiege, daß ich meine Absicht kundtue. Und wenn einer hinterhergejuckelt kommt, daß der Mann dann schön Bescheid weiß.

Schraube: Na ja! Nun fahren Sie aber endlich los!

Tegtmeier: Nein! Jetzt steige ich wieder aus!

Schraube: Warum denn?

Tegtmeier: Ja, ich hab Ihnen doch gesagt, daß ich auf dem Lichtknöpsken gedrückt hab – –

Schraube: Wie, weil Sie aufs Licht gedrückt haben, steigen Sie wieder aus? Was soll das denn?

Tegtmeier: Ja, da war ich doch drin, in den Auto ... und muß ich jetzt wieder aussteigen und draußen kucken, ob es auch brennt ... die Lampen, ob dat auch an is, alles. Weil – die Verantwortung kann mir kein Mensch abnehmen!

Schraube: Schön, Herr Tegtmeier, nun ist das aber erledigt, Sie haben alles überprüft und – nun fahren Sie doch endlich los! Sie kommen ja nie ans Ziel!

Tegtmeier: Ja, jetzt fahr ich los – das heißt, erst geh ich natürlich wieder rein, in dem Wagen. Und wenn ich dann nur am Steuerrad sitze, bin ich schon ein „Verkehrsteilnehmer" und komm schon inne Flensburger Kartei. Wenn ich mir da ... irgendwas für Stückchen erlaube ... zum Beispiel „Alkohol am Steuer" darf ich nur noch 8 pro mille bei mir haben.

Schraube: Wieviel?

Tegtmeier: Au nä – Moment mal! „0,8 pro mille" dürfen dat sein. Das kommt, weil der Justizminister leider nicht mehr genehmigt. Und deshalb darf man ... höchstens zwei Pils und zwei Doppelkorn, mehr darf man sich auch nicht genehmigen. Sonst kommen die vonne Polizei, und muß ich in eine Tüte blasen – dann färbt sich da die Luft bunt – und wissen die, daß ich „blau" bin. Das hat ja kein'n Wert!

Schraube: Na ja, Herr Tegtmeier, da sagen Sie etwas, was –

Tegtmeier: Sie, ein Schwager von mir, den hammse jetzt ganz schön anne Hammelbeine. Der mußte auch in so ne Tüte blasen ... und jetzt is er ... äh ... immer mit die Tüten zugange – 'n Vierteljahr hammse dem verpaßt!

Schraube: Sicher, Herr Tegtmeier, das ist ja klar, daß Sie sich nicht mit Alkohol ans Steuer setzen dürfen -

Tegtmeier: Nä, mein Schwager war das ja auch!

Schraube: Na ja. Schön! Nun, wir wollen mal annehmen, daß Sie in Ihrem Wagen sitzen und fahren – worauf müssen Sie besonders achten?

Tegtmeier: Wat meinen Sie denn jetzt?

Schraube: Na, auf der Straße muß doch Ordnung herrschen!

Tegtmeier: Ach so! Ja sicher ... also: kein Papier aus'm Fenster ... Bananenschalen, all so Sachen.

Schraube: Sie verstehen mich falsch! Es gibt doch gewisse Regeln ... gewisse Vorschriften ...

Tegtmeier: Nein – es gibt den Paragraph eins!

Schraube: Na, also ...

Tegtmeier: Ich hab gleich gemerkt, daß Sie da hinsteuern! Der is natürlich eine Wucht, den muß ich immer ... aufsagen ... immer schön dran denken.

Schraube: Ja? Nämlich wie lautet der?

Tegtmeier: Der Paragraph eins der Straßenverkehrsordnung!

Schraube: Ja?

Tegtmeier: So lautet der.

Schraube: Zum Donnerwetter, dann sagen Sie ihn doch!

Tegtmeier: Wer? Ich?

Schraube: Ja, nun los doch!

Tegtmeier: Ach so – kennen Sie den denn nicht?

Schraube: Herr Tegtmeier, ich will feststellen, ob *Sie* ihn kennen, *ich* weiß Bescheid, aber *Sie* sollen jetzt zeigen, was Sie wissen.

Tegtmeier: Sicher, da muß ein'n ja nur ein Ton von gesagt werden! Der Paragraph eins der Straßenverkehrsordnung ... darf ich meine Mitmenschen nur soviel behindern oder belästigen ... – Nä! – ich darf die andere Verkehrsteilnehmer ... also, ich darf sie nur nach die Umstände ... oder: nach meine Umstände ... darf ich die Leute alle belästigen. Und das ist nicht viel, da komme ich nicht weit mit!

Schraube: Ich glaube, wir kommen mit Ihnen auch nicht weit!

Tegtmeier: Ja, jetzt bin ich auch ganz nervös, ich weiß auch nicht, gestern abend klappte dat noch so schön, unser Oma hat mich alles abgehört ...

Schraube: Na ja, dann was anderes: stellen Sie sich vor, Sie fahren auf der Straße, und plötzlich läuft über die Fahrbahn dieser Überweg, dieser ...

Tegtmeier: Zebrastreifen?!!!

Schraube: Ja!

Tegtmeier: Sehnse, auf einmal fluppt dat!

Schraube: Was ist da los?

Tegtmeier: Also, den Zebrastreifen muß ich genau ... hinkucken, ob sich da Passanten bewegen ... vielleicht geht eine alte Oma grad daher, oder ein Opa mit'n

Krückstock. Dann muß ich das beobachten, ob die ... vielleicht wieder rückwärts gehn oder all so Sachen machen. Und muß ich es ermöglichen. Ich darf sie jedenfalls nicht einfach totfahren, sondern ... man muß in so ein Fall Mensch bleiben ... also, daß man die alte Leute schon mal leben läßt.

Schraube: Und wenn nun an dem Überweg noch zusätzlich gelbe Lampen angebracht sind?

Tegtmeier: Dann hat die Oma Vorfahrt!

Schraube: Na ja – nun fahren Sie über den Zebrastreifen, worauf müssen Sie weiter achten?

Tegtmeier: Jawohl, dann fahr ich dadrüber – nicht über die Oma, auf die habe ich ja aufgepaßt – sondern über diesen Streifen.

Schraube: Und dann?

Tegtmeier: Ja, dann ... bin ich wieder am Rollen ... und muß meine Aufmerksamkeit weiter ... diesen Paragraph eins muß ich weiter ... beachten. Weil die Straße ist ein gefährliches Pflaster! Vielleicht können spielende Kinder ... daß die ihr'n Ball unter meinen Wagen rollt ... und die Kinder schön hinterher ... das darf ich dann vermeiden. Oder daß ein Betrunkener auf de Fahrbahn liegt und schläft sich mal bißchen aus ... oder is einer schlecht geworden ... diese ganze Sachen, muß ich auf die Leute immer Rücksicht nehmen.

Es kann auch sein, daß ein Pferdefuhrwerk daherfährt, da darf ich nicht so dicht dran vorbeifahren ... weil wenn mich das Pferd dann erkennt, erschreckt der sich und fängt am Laufen. Und das ist alles dieser Paragraph eins – und das Menschenleben – und die Güter ... die drei Sachen!

Schraube: Ja, Sie müssen sich im Verkehr eben so verhalten, daß nichts geschieht, nicht wahr, und Sie sollen dabei auch mit dem Leichtsinn oder der Dummheit Ihrer Mitmenschen rechnen.

Tegtmeier: Jawohl, ich muß immer daran denken, daß die andern vielleicht noch dummer sind als ich.

Schraube: Nun, was ist, wenn es geregnet hat?

Tegtmeier: Is naß!

Schraube: Ja!

Tegtmeier: Und glatt!

Schraube: Ja!

Tegtmeier: Äh ... der Bremsweg, der ist da sehr gefährlich, also ... der rutscht alles weg.

Schraube: Worauf müssen Sie bei Regen besonders achten?

Tegtmeier: Dann darf ich nicht durch die Pfützen fahren! ... Oder nä, da käm ich ja gar nicht weiter ... also fahr ich durch die Pfütze – aber mit den Paragraph eins! Und ich darf meine Mitmenschen nur soviel naßspritzen, wie ich sie nach meine Umstände ... da ... alle naßmachen kann. Weil alte Leute können sich sonst erkälten, kriegen vielleicht Grippe oder Lungenentzündung, und das ist ja dann nicht so angenehm ...

Schraube: Herr Tegtmeier, stellen Sie sich vor: es hat gebummst!

Tegtmeier: Ein Gewitter.

Schraube: Nein, ich meine etwas anderes – Sie kollidieren mit einem fremden Fahrzeug!

Tegtmeier: *schweigt*

Schraube: Das kann doch mal vorkommen, nicht wahr, Sie kollidieren mit einem andern Wagen.

Tegtmeier: Ja sicher. – – *schweigt betreten* – – Entschuldigen Sie, Sie benutzen da so ein Schlagausdruck –

Schraube: Ach so – ich meine, Sie haben einen Unfall.

Tegtmeier: Nein! – warum denn?

Schraube: Das ist doch mal denkbar.

Tegtmeier: Nä, also ein Unfall ... ist es am besten, wenn ich überhaupt keinen Unfall habe.

Schraube: Es ist nun aber passiert! Wir wollen das hier in der Prüfung nur annehmen.

Tegtmeier: Ich weiß Bescheid – und hinterher lassen Sie ein'n durchplumpsen!

Schraube: Herr Tegtmeier –

Tegtmeier: Jawohl, mit Speck fängt man Mäuse! Nä, also ein Unfall kommt bei mir nicht in Frage – is abgelehnt!

Schraube: Tun Sie mir doch um alles in der Welt den Gefallen: Sie sollen sich nur *vorstellen*, Sie *wären* in einen Unfall verwickelt.

Tegtmeier: Mit Verwundete?

Schraube: Warum?

Tegtmeier: Weil Sie sagen: „verwickelt".

Schraube: Das kann dahingestellt bleiben. Was dürfen Sie im Falle eines Unfalls aber niemals tun? – was ist dann das Allerwichtigste?

Tegtmeier: Ach so, ja! Wichtig – oder: allerwichtigst ist für mich natürlich die Fahrerflucht! Das heißt, darf man ja gar nicht machen ... nicht flüchten, sondern ich muß am Unfallorte verweilen und seh erst mal nach, ob ich noch unschuldig bin ... und wenn dat alles schön geklappt hat, kann ich kucken, ob der andere vielleicht auch noch aus sein'n Führerhaus rausklettert. Das is in so ein Fall für mein eigenes Gewissen ja eine freudige Überraschung, weil ich dann weiß, daß der Mann ebenfalls noch lebt. Das will man ihn schließlich vergönnen. Nur darf ich die Sache auf kein Fall zugeben –

Schraube: Warum denn?

Tegtmeier: – weil de Versicherung das nicht haben will, sonst nehmen die sich da nix von an. Deshalb muß man schön abwarten, bis sie es genehmigen, daß man den da reingesaust ist.

Schraube: Nun ja, wie können Sie denn überhaupt einen Unfall vermeiden?

Tegtmeier: Ja, ich kann es ... durch meine Fahrweise kann ich es vermeiden ... und muß ich auch immer denken: die alte Oma, die vor mir hergeht – es könnte ja meine Mutter sein ... oder mein kleines Töchterchen ... und das will man doch auch nicht, daß die einfach totgefahren werden. Oder es könnte sogar meine eigene Frau

sein – – das heißt, ich leb' ja in Scheidung, deshalb wär die Sache da nicht ganz so schlimm ... oder ... nä, da darf man eigentlich gar nicht dran denken ... weil die ist ja trotzdem noch ein Menschenleben!

Schraube: Herr Tegtmeier, Herr Tegtmeier, ich weiß nicht, Sie erzählen mir da Dinge ... äh ... ich weiß wirklich nicht, wie ich Ihnen daraufhin den Führerschein ausstellen soll. – Nun noch eine letzte Frage, jetzt nehmen Sie sich aber mal zusammen! Was ist, wenn Sie bei Nacht fahren, im Dunkeln? Was müssen Sie da beachten?

Tegtmeier: Wenn es draußen dunkel ist?

Schraube: Ja.

Tegtmeier: Das wär also, wenn ... die Dunkelheit herrscht ... woll'n ma sagen, inne Nacht, alles ...

Schraube: Ja?

Tegtmeier: Da muß ich ... die Dunkelheit beachten ... und meine Fahrweise muß ich die Dunkelheit ... gerecht werden.

Schraube: Ja, wie denn?

Tegtmeier: Mit den Paragraph eins ... wieder.

Schraube: Zum Donnerwetter! Was ist dann die Folge von Paragraph eins?

Tegtmeier: Ja also ich darf meine Fahrweise ... äh, bei Dunkelheit ... darf ich nur so schnell fahren, wie weit ich kucken kann, wenn ich einen totfahre – daß ich das grad noch schön sehen kann, sonst hat das ja kein'n Wert.

Schraube: Ja, Herr Tegtmeier, mit Ihnen hat's auch keinen Wert, also: Schluß! Aus!

Tegtmeier: Is gut, aber wo kann ich mir denn jetzt meinen Führerschein abholen?

Schraube: Bei mir nicht! Vielleicht auf dem Mond!

Tegtmeier: So ein Ding! Kannste mal sehn, alles gewußt und – trotzdem! Jetzt soll ich noch auf'n Mond – und alles ohne Führerschein! Junge, Junge, wenn dat nur gut geht!

„Seit Einführung der Gurtepflicht klappert er fast gar nicht mehr."

– Der Gurtmuffel –

„Oberster Kragenknopf offen, Schlips sitzt schief – so kommen Sie zum TÜV? Zurück, marschmarsch!"

Edgar Breit

Frau Skrzypczak & Co.

Ein Fahrlehrer erinnert sich

DER HERR PASTOR: Ein schon etwas älter gewordener Pastor aus einem kleinen idyllischen Moselort, er war inzwischen Mitte 40, hatte sich entschlossen, nun endlich doch noch den Führerschein zu erwerben. Der geistliche Herr war etwas schwerfällig geworden im Laufe der vielen Jahre und er war es auch nicht gewohnt, daß man ihm etwas beibrachte. Eher im Gegenteil: *Er* war es ja, der anderen Menschen predigte und versuchte, das Wort Gottes zu verkündigen.

Nun endlich, nach einer schwierigen Ausbildungszeit und etlichen Fahrstunden, in denen er oft die Nerven seines Fahrlehrers strapaziert hatte, war es endlich so weit, daß er seine Führerscheinprüfung ablegen konnte. Als Prüfer erschien an diesem Tag ein waschechter Bayer mit Namen Huber, der über einen trockenen Humor verfügte. Aufgeregt und so ganz ohne Gottvertrauen nahm der Herr Pastor hinter dem Lenkrad Platz, und auf das Kommando des Prüfers hin begann die Prüfungsfahrt. Zunächst würgte der geistliche Herr durch seine Nervosität mehrmals das Auto ab, wodurch sich die Spannung noch steigerte und ein deutliches Räuspern des Prüfers zur Folge hatte. Irgendwann setzte sich das Fahrzeug dann doch in Bewegung. Nach einigen weiteren und weniger guten Fahrsituationen sollte der Herr Pastor einer abknickenden Vorfahrt folgen. Aufgeregt setzte er das Fahrtrichtungszeichen nach rechts und verlor dabei schließlich die Kontrolle über das Fahrzeug. Er fuhr mit ziemlicher Wucht gegen den rechten Bordstein, riß das Lenkrad schließlich nach links und raste schnurgerade auf eine vollbesetzte Eisdiele zu. Dem Fahrlehrer blieb nichts anderes übrig, als durch sein Eingreifen einen Unfall zu verhindern. Die Prüfungsfahrt war natürlich so nicht bestanden. Der Prüfer, unser Bayer, der Herr Huber kommentierte dann auch folgerichtig: „Geh', Herr Pastor, hier geht's nicht wie in der Kirchen, der Mensch denkt und Gott lenkt, dös müssen's hier schoa selber mochen. Steigen's aus, mochen's noch a poar Fahrstunden und kommen's dann wieder."

MARIA: Maria war ein einfaches Mädchen, das in einem kleinen Moselort, der nahe dem Prüfort gelegen war, wohnte. Sie war nett, freundlich, aufgeschlossen, aber nicht allzu intelligent. Mit Hilfe einer Freundin und durch oftmaligen Besuch des theoretischen Unterrichtes hatte sie nach einem mißglückten Versuch im zweiten Anlauf die theoretische Prüfung bestanden.

„Fohre kann ich", hatte sie gegenüber dem Fahrlehrer verkündet. In der Tat hatte sie mit dem Fahrzeug direkt keine großen Probleme, anders war es schon mit der Umsetzung der sich anbahnenden Verkehrssituationen. Nun, es wurde kräftig geschult und zwar so lange, bis der Fahrlehrer schließlich nach dem Motto „Friß oder stirb" sie zur Prüfung vorstellte. Wie der Zufall es wollte, führte die Prüfungsfahrt auch durch ihren kleinen Ort, der im wesentlichen aus einer Hauptstraße bestand, die relativ eng war und in die mehrere Straßen von rechts einmündeten. Ferner war in dem Ort die Geschwindigkeit durch Schilder auf 30 km/h herabgesetzt. Nun, Maria kannte ja diesen Ort und fuhr so, wie auch alle anderen fuhren: so mit ca. 50 km/h und ohne auf die Straßen „rechts vor links" zu achten.

Natürlich bemerkte der Fahrprüfer dieses Fehlverhalten und stellte Maria zur Rede, warum sie so schnell durch diese Ortschaft fahren würde. Worauf Maria entrüstet antwortete: „Ei ganz eenfach, hei fohre se al e so.

Dat sem mir hei gewinnt und ivriens, wat kann eich dafir, wenn se hei vergäs hon, Bombe se schmeiße em Krisch. Do wär hei en dem Kaff mie Plaaz." (Ei, ganz einfach, hier fahren sie alle so. Das sind wir hier so gewohnt und übrigens, was kann ich dafür, wenn sie hier vergessen haben Bomben zu werfen im Krieg. Dann wäre hier in dem „Nest" mehr Platz.)

Natürlich erhielt Maria an diesem Tag keinen Führerschein.

FRAU SKRZYPCZAK: Ganz einfach hatte es Frau Skrzypczak nie. Durch den Zweiten Weltkrieg war sie mit ihrer Familie von Bessarabien in einen kleinen Moselort verschlagen worden, in dem sie sich mehr schlecht als recht durchschlagen konnten. Frau Skrzypczak, die ein etwas umständliches Deutsch sprach, hatte sich entschlossen, um etwas mobiler zu werden, den Führerschein für's Auto zu erwerben. Zusammen mit einer Freundin meldete sie sich in der Fahrschule an.

Nun ging's los mit den Fahrstunden. Was waren das für viele Hebel und Pedale und viele Armaturen, Lichtchen und Blinkzeichen, die es zu beachten gab. Und dann noch die vielen Spiegel. Die Frage war schon berechtigt, ob man das wohl schaffen würde. Aber schließlich ging es dann doch eines guten Tages auf die Autobahn. Das Auto wurde immer schneller, die Leitplanke kam immer näher. Mit einem scheuen Seitenblick zum Fahrlehrer kam dann die Frage, und das so echt auf bessarabisch: „Herr Fahrlehrer, darf ich auch mal die Fuß von die Gas nehmen?" Worauf dieser antwortete: „Sie dirfen, Sie dirfen."

Nach ca. 54 Fahrstunden war es dann endlich so weit, der Tag der Prüfung war da. Ein Erfolgserlebnis für Frau Skrzypczak: Sie hatte die Prüfung bestanden. Welch eine Freude, so erzählte sie uns später in ihrem bessarabischen Akzent. „Ich fuhr mit die Fahrrad nach Hause und trank dort kräftig aus einer Flasche Mooselwhisky (Moseltrester). Danach nahm ich mutig den Schlissel vom Auto meines Soohnes, das war ein 1200er NSU Prinz mit reichlich viel Spachtel druhm heruhm, und fuhr zurick an den Ort des mohrgendlichen Erfolges. An einer Brückenkreizung mußte ich an einer leichten Steigung ahnhalten. Als ich weiterfahren wollte, murkste ich das Auto ab. Da die Batterie sehr schwach war, sprang Auto nicht mehr ahn. Durch den Mooselwhisky alkoholisiert und durch das Mißgeschick witend, stieg ich aus, habe getrehten gegen Kottfligel, daß geflogen ist Spachtel weg. Das hat gesehen ein Polizist, er ist gekohmen, um zu helfen, hat gerochhen Fahne und genommen Fihrerschein." Es blieb bei dieser einmaligen Fahrt, denn Frau Skrzypczak hat nie wieder den Versuch unternommen, den Führerschein nochmals zu erwerben.

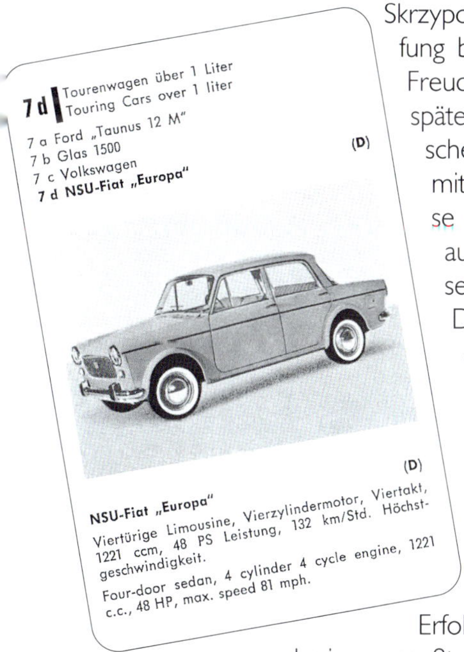

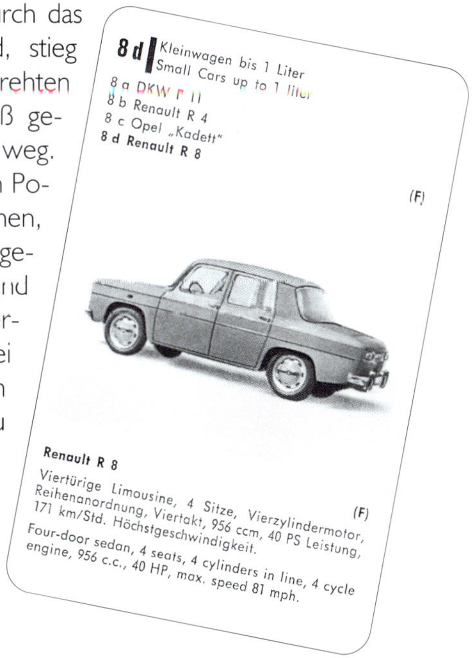

Summa cum Lauda

„Ich bin jetzt 47 und fahre seit meinem zwölften Lebensjahr Auto. Ich habe mit Traktorfahren auf dem Bauernhof meines Großvaters angefangen, dann bin ich mit allen möglichen Fahrzeugen auf dem Fabrikgelände meiner Eltern herumkutschiert. Meinen Führerschein habe ich in Neunkirchen, einem kleinen Ort in Österreich, gemacht. Ich bin damals mit meinem eigenen Auto zur Prüfung gefahren, hab's natürlich heimlich abgestellt, damit die Prüfer nix merken. Es war ein uralter VW, den hatte ich mir für 200 Mark gekauft ..." *(Niki Lauda in BUNTE)*

Horst-Eberhard Hütt

Tucholsky und der Typ vom TÜV

Der erste VW: Riedgrün und unermüdlich

Wir haben uns damals vor der Fahrprüfung genau so verrückt gemacht – wie später die eigenen drei Söhne oder heute die Jungen und Mädchen aus der Nachbarschaft. Der einzige Unterschied zwischen damals und der Gegenwart: Heute ist Autofahren auch Frauensache.

Unter den neun Mitfahrschülern, die am 8. August 1957 in Wanne-Eickel zur Fahrprüfung in den Käfer des Fahrlehrers mußten, war nur eine junge Frau. Sie bestand mit Bravour. Von den acht jungen Männern mußten vier zu einem zweiten Versuch antreten, weil zwei die „Vorfahrt von rechts" nicht ernst genug genommen hatten, einer sich vom Fahrprüfer verkehrt herum in eine Einbahnstraße dirigieren ließ und einer partout nicht rückwärts in eine Parklücke kam.

Unser Fahrlehrer hatte uns vor allerlei Nickelichkeiten des Fahrprüfers gewarnt: Vor dem Stop im Halteverbot, vor der Fahrt durch den für Kraftfahrzeuge gesperrten Weg, vor dem zu schnellen Passieren eines unbeschrankten Bahnüberganges, von denen es damals in Wanne-Eickel noch zahlreiche gab, vor dem zu dichten Vorbeifahren an einem Radfahrer oder dem nur unauffälligen Blick in den Rückspiegel. Der Blick zurück mußte auffällig sein ebenso wie die Hab-acht-Bremsbereit-Haltung vor den rechtseinmündenden Seitenstraßen ohne Vorfahrtsregelung, die Rechenformeln für Sicherheitsabstand und Anhalteweg mußten gebetsmühlenartig heruntergeleiert werden können, und nach dem Anfahren ging es nicht sofort auf die linke Fahrspur, sondern es galt das Rechtsfahrgebot. Damals wurde der Paragraph, der von Autofahrern ein Tempo verlangt, das keinen Unbeteiligten behindert oder zu Schaden kommen läßt, noch sehr ernst genommen – auch von Richtern. Das war die Zeit, als beispielsweise Oberrichter in Hamm Autofahrern auferlegten, bei Nebel mit dem Ohr auf den Schienen zu horchen, ob nicht doch ein Zug kommt.

Der TÜV-Typ an unserem Prüfvormittag: Sehr groß, sehr hager, sehr ernst blickend, vielleicht auch deshalb, weil sein Gardemaß nur sehr unbequem auf die Rückbank des Fahrschul-Käfers paßte. Ich kam mit ihm sehr gut zurecht, vielleicht auch, weil wir beide damals Tucholsky und den Spiegel lasen. Meine Prüfungsrunde dauerte keine 15 Minuten.

Vier Monate nach der Fahrprüfung kam mein erstes Auto: Ein nagelneuer VW-Käfer Standard ohne kraftzehrendes Automatikgetriebe und deshalb einige Stundenkilometer schneller als die chromverzierten VW-Exports, Riedgrün und mit Schiebedach. Ein Prachtstück, von Eltern und Geschwistern bestaunt. Während der ersten 100.000 km blieb er nur einmal stehen – bei sintflutartigem Regen auf der Autobahn nach Aachen.

Warnblinkanlagen als Nothelfer gab es noch nicht. Als ich noch etwas ratlos am Steuer aushielt, stoppte hinter mir ein Polizei-Käfer. Die beiden Streifenpolizisten glaubten, einen Verkehrssünder mit leerem Tank erwischt zu haben. Das kostete – auf Autobahnen – auch schon damals ein Verwarnungsgeld. Als die beiden merkten, daß es nicht am Spritmangel lag, gaben sie den Tip mit dem von Sprühwasser verdreckten Zündverteiler. So war es.

Acht Jahre und über 200.000 km hat mir der Riedgrüne treu gedient. Bei 140.000 km bekam er einen Austauschmotor. Dann lief er wieder so flott wie als Neuwagen. Er war das motorisierte Arbeitspferd beim Tagwerk als Reporter und er schnurrte mehrmals brav mit Frau, den beiden ältesten Söhnen, mir und Dachgepäckträger in den Urlaub nach Dänemark. Er lief bei der Reportagefahrt während des Grubenunglücks von Lengede und den Rettungsbohrungen auf freiem Feld buchstäblich über Stock und Stein.

Einmal im Jahr wurden sorgfältig alle durch Steinschlag und den Zahn der Zeit entstandenen Rostflecke ausgebessert. Für 200 Mark wechselte das gute Stück mitsamt dem nachträglich eingebauten Radio schließlich an einen Studenten. Jedesmal, wenn mir fortan „WAN – L 715" auf Dortmunds damals noch fast leeren Straßen begegnete, gab es einen kurzen Gruß mit der Hupe.

Helga Sieg

Mit Hänger und Würgen

Erinnerungen an die erste Fahrt ohne Führerschein

Wieder mal typisches Bonner Sommerwetter heute: naß, duster, ungemütlich. Wie tröstlich können da alte Fotoalben sein. Damals, ja damals ... Und was mag aus Erich geworden sein?

Meine zweite Liebe, mein erstes Auto. Das Leben, ein Lore-Heft. Siebzehn war ich, und der Himmel hing voller Geigen – nein: Trompeten. Erich war Trompeter in einer dörflichen Blaskapelle im Westerwald, war der schönste und aufregendste Mann weit und breit, und er liebte nur mich. Auf der Kirmes in unserem Dorf hatten wir uns kennengelernt. Ich verkaufte Würstchen mit Senf, und er verschluckte sich. Sah ich wirklich so gut aus in meiner weißen, bretthart gestärkten Schürze über dem neuen, rosafarbenen Organzakleid? Ich hatte jedenfalls einen guten und handfesten Grund, ihm liebevoll auf den Rücken zu schlagen und ihn so vor dem sicheren Erstickungstod zu retten.

Er wohnte im Nachbardorf. Seine Eltern hatten eine Baustoffhandlung, und Erich mußte hart arbeiten. Er fuhr den elterlichen Lkw, gelegentlich mußte er Baustoffe im fernen Essen holen. Wie könnte man die Fahrten durch das sommerliche Brohltal vergessen? Denn nicht nur Beifahrerin war ich – ich konnte und durfte den $6^1/_2$-Tonner-Mercedes sogar selbst chauffieren. Geübt hatte ich auf dem riesigen Bauhof seiner Eltern. War um Kiesberge herumgefahren, vorwärts, rückwärts, mit Hänger und ohne Hänger, beladen und unbeladen. Und alles ohne Führerschein. Unbeschwert war das Leben und aufregend. Und Erich war der beste Fahrlehrer.

Dann war es endlich soweit. Baustoffe mußten wieder mal geholt werden, auf ging die Fahrt Richtung Rheinland. Vom elterlichen Hof fuhr Erich selbst und auch die sehr engen Wege und Sträßchen von Volperhausen bis ins Brohltal. Aber dann! Erich schwenkte nach rechts, hielt an, ich wurde zunächst auf dem Kühler drapiert, der große Moment wurde im Bild festgehalten (mit diesen unglaublich häßlichen Bleyle-Hosen an, die ja so praktisch waren und sich nie auftrugen). Dann stieg ich mit doch etwas mulmigem Gefühl auf den Fahrersitz. Alles, alles hatte ich vergessen. Wie war das doch noch? Kuppeln, Zwischengas, kuppeln? Warum krachte es nur so? Tat's doch sonst nie. Ich war nur noch ein Häufchen Elend in einem riesigen Lkw, der sich auf der Straße ganz anders verhielt als auf dem Bauhof. Komisch auch: Wenn Erich fuhr, war die Straße immer viel breiter gewesen. Und auch mit der Lenkung stimmte irgendetwas nicht, die war doch sonst immer viel weicher. Klitschnaß meine Hände, total verkrampft hielt ich mich an dem riesigen Lenkrad fest, hörte nichts von Erichs Worten, kam aber schließlich mit Hängen und Würgen doch bis zur Autobahn. Hier glaubte ich, entspannen zu können. Aber weit gefehlt. Ich fuhr zu langsam, und ungeduldige Zeitgenossen, damals schon, anno 1957, hupten mich von da unten in ihren kleinen Pkws unfreundlich an. Ich hatte entsetzliche Angst, erwischt zu werden, denn schließlich wäre es Erich an den Kragen gegangen, hätte man herausgefunden, daß ich noch keinen Führerschein besaß. Den sollte ich erst vier Jahre später machen.

Für die Rückfahrt – vollbeladen, mit Steinen, glaube ich – setzte sich dann wieder Erich ans Steuer und legte sogar zeitweise seinen Arm um mich. Ich habe ihn sehr bewundert und war unendlich glücklich über seine und meine Fahrkünste. Was würde ich wohl heute meinem 17jährigen Sohn erzählen, würde er ... Nicht auszudenken!

Die Wochenenden verbrachten wir mit ausgedehnten Fahrten durch Siegerland, Westerwald und Bergisches Land in seinem offenen VW Cabrio. (Das ist das Bild, das ich immer noch suche: Es war sooo schön.) Langsam, sehr langsam fuhren wir, mal ich, mal er, wenn Bekannte gesichtet wurden. Von allen wurde ich beneidet. Des Wagens wegen? Oder wegen des Mannes? Ich habe die Zeit sehr genossen. Und eines Tages zog ich weit weg, in die Stadt, nicht ganz freiwillig. War es die Stadt, die alles veränderte – auch mich? Oder liebte er doch nicht nur mich? Was ist aus Erich geworden?

er seinen Anzug her, und irgendwo hatte er einen DKW-Motor mit 98 ccm aufgetrieben.

1949 machte er erste Probefahrten mit dem „Kuchenblech auf Rädern", setzte eine Blechkarosserie drauf und baute die Windschutzscheibe eines abgestürzten Düsenjägers ein. Das Auto war da, und es bekam sogar eine amtliche Zulassung. Kleinschnittgers größtes Glück: er gewann einen Kaufmann, der mit dem Zerlegen alter Panzer viel Geld verdient hatte, als Finanzier für die Serienfertigung. In Arnsberg im Sauerland wurde eine kleine Fabrik gebaut, und schon 1950 lief die Produktion auf vollen Touren. Der Kleinschnittger F 125 war ein zweisitziger Roadster mit Frontmotor (1 Zylinder, 125 ccm, 4,5 und später 6 PS) und Frontantrieb. Er hatte eine Alu-Karosse, einen schicken Kühlergrill, ein weißes Lenkrad und eine Lenkradschaltung. Ein richtiges Auto, aber ein Zwerg unter Zwergen: Das „Radieschen" paßte in den Werkzeugkasten großer Fernlaster, und der Berliner Fernfahrer Alfred Bruhn gewann einen Kasten Bier, weil er einen Kleinschnittger mitsamt seiner Fahrerin 20 Meter weit auf dem Rücken trug. Der Straßenfloh wog nämlich nur 150 kg.

Wenn eine Partie in den Export ging, zog der Chef 15 Mini-Mobile in zwei Reihen hinter seinem Fiat 1400 zum Bahnhof. 2.980 Exemplare wurden gebaut.

Ab 1955 steckte Kleinschnittger viel Geld in ein größeres und stärkeres Coupé, das wie ein Schrumpf-Ami aussah, machte hohe Schulden und mußte 1957 Konkurs anmelden.

Vom Cello-Kasten zum Silberfloh. Das Fuldamobil von Karl Schmitt und Robert Stevenson

Robert Stevenson (32) war Journalist. Aber er hatte ein Semester Maschinenbau studiert, und das genügte: Stevenson war von der Idee besessen, einen Kleinwagen zu bauen. 1949 gewann er den Bosch-Großhändler Karl Schmitt in Fulda für sein Projekt. Schmitt besaß auch eine Elektromaschinenbaufirma, war selbst Diplom-Ingenieur und fand es gut, ins Autogeschäft einzusteigen.

Chefkonstrukteur Stevenson schweißte ein Fahrgestell mit drei Rädern zusammen, schraubte zwei Ackerschleppersitze drauf und baute einen 200 ccm-Motor von Zündapp ein. Anfang 1950 spendierte man dem Vehikel eine Karosserie: ein Holzgerippe mit aufgenageltem Stahlblech. Das Ganze sah wie ein großer Cello-Kasten aus, nahm am Fuldaer Faschingszug teil und nannte sich Fuldamobil.

1951 begann Schmitt, eine Kleinserie des 2+2-Sitzers zu bauen. Der Preis: 2.250 Mark. Ärger machten die Motoren, die man von der Firma Baker & Pölling bezog und die eigentlich für den Antrieb von Baumsägen gemacht waren. Häufigste Fehler: Der Kolben schlug gegen den Zylinderkopf, und der Zylinder riß vom Kurbelgehäuse ab. Schon vorher hatte man die Karosserie geändert: Der Holzrahmen wurde nicht mehr mit Sperrholzplatten und Kunstleder, sondern mit gehämmertem Aluminiumblech verkleidet. Das Fuldamobil bekam daraufhin den Spitznamen „Silberfloh". 1954 ging man beim Rahmen von Holz auf Stahlrohr über, die Außenhaut war aus Aluminium.

1958 kaufte der Engländer York Nobel eine Lizenz und bot „das billigste Auto der Welt" an, den Nobel 200 zum Selberbauen. Als Direktorin engagierte er die Exkaiserin Soraya, die dem Dreirad aber auch nicht zu einem nachhaltigen Erfolg verhelfen konnte.

In Fulda landete man derweil bei einer Kunststoff-Karosserie und baute einen Motor von Heinkel ein, aber als Heinkel 1969 nicht mehr liefern konnte, war der Ofen aus. Fazit: In 10 Jahren waren 2.900 Fuldamobile gebaut worden.

Der Allwetter-Roller. Das kurze Leben des kleinen Kroboth

Vor dem Krieg hatte der Ingenieur Gustav Kroboth im Sudetenland einen kleinen Pkw gebaut, der dem BMW Dixi ähnlich war. 1947 fertigte er in Oberbayern Holzspielzeug und Mohnmühlen und ab 1950 Motorroller. Nach dem verregneten Sommer 1953 wollten alle Leute ein fahrbares Dach über dem Kopf. Kroboth erkannte die Zeichen der Zeit und warf 1954 seinen „Allwetterroller" auf den Markt – einen kleinen Dreirad-Roadster mit Faltverdeck, der drei Sitze nebeneinander hatte. Aber es wurden nur 50 Stück gebaut. Dann ging Kroboth das Geld aus. Eine holländische Fahrradfirma wollte einsteigen, konnte aber nicht: Ein Inder hatte tausend Fahrräder bekommen, aber nicht bezahlt. Kroboth mußte seinen Betrieb schließen und sein Geld als Fahrlehrer verdienen.

Die rollende Einkaufstasche. Vom Dornier Delta zum Zündapp Janus

Dornier – so hießen Flugzeuge und keine Autos. Aber Claudius Dornier wollte nicht nur die Do 27 konstruieren, sondern hatte auch ein besonderes Auto im Kopf. In seinem Konstruktionsbüro in Madrid zeichnete er 1953 die Pläne für den Delta: einen Kleinwagen mit vier Rä-

dern, der wie ein Dreieck aussah und vorne und hinten eine Tür hatte. Die vier Insassen saßen Rücken an Rücken, und in der Mitte waren Motor, Tank und Reserverad untergebracht. Das Auto war nur 2,88 m lang, aber überaus geräumig. 1954 wurde ein Prototyp erprobt. Er lag sehr gut auf der Straße und hatte eine komfortable Federung. Dornier wollte den Wagen nicht selbst bauen, sondern suchte einen Lizenznehmer. Erst Anfang 1955 fand er ihn: die Zündapp-Werke in Nürnberg. Sie machten aus dem Delta einen „Janus", das Auto mit den zwei Gesichtern. 1957 lief die Serie an.

Der „Mehrzweckwagen mit der enormen Fahrleistung" war allerdings mit dem 250-ccm-Motor etwas schwach auf der Brust. Als Pressechef Erasmus Grüttefien zweimal demonstrativ die Turracher Höhe erklommen hatte, waren Motor und Kupplung austauschreif.

6.900 „rollende Einkaufstaschen" wurden gebaut, dann geriet Zündapp in eine Finanzkrise, und 1958 wurde das Nürnberger Werk verkauft. Wieder ein Kleinwagen weniger. Die Autokäufer waren anspruchsvoller geworden: Es durfte etwas mehr sein.

Der Schneewittchensarg. Messerschmitt KR 175 und KR 200

Aus dem Fend Flitzer wurde der Messerschmitt KR 175, aus ihm der KR 200/201. Der Flitzer hatte nur einen Sitz, der Messerschmitt zwei hintereinander. Er wurde von 1953 bis 1964 gebaut, in einer Auflage von fast 52.000 Stück. Der bis zu 100 km/h schnelle Kabinenroller hatte drei Räder. Angetrieben wurde das Hinterrad. Die Einzylinder-Zweitakt-Motoren von Fichtel & Sachs hatten knapp 200 ccm und 9 bis 10 PS. Der KR 175 besaß ein Viergang-Getriebe, der KR 200 auch einen Rückwärtsgang. Die Preise lagen zwischen 2.100 und 535 Mark.

Das Radieschen. Kleinschnittger F 125

Nomen est omen: Paul Kleinschnittger baute den kleinsten aller Kleinwagen, den Kleinschnittger F 125. Unter der flotten Alu-Haube saß ein 1-Zylinder-Zweitaktmotor mit 123 ccm und rund 5 PS. Der Wagen hatte ein Dreigang-Getriebe ohne Rückwärtsgang: Man konnte ihn einfach herumheben, weil er nur 150 kg wog. Deshalb war auch der Verbrauch sehr gering: nur 2,5 Liter auf 100 km. Von 1950 bis 1957 verliebten sich 2.980 Käufer in den zweisitzigen Zwerg.

Das Moped-Auto. Brütsch Mopetta

Paul Brütsch erbte eine Strumpffabrik, war Rennfahrer, baute Maseratis für Kinder und propagierte zwischen 1954 und 1958 den Kleinwagen aus Kunststoff-Schalen. Die ließen sich billig herstellen und sahen hübsch aus. Brütsch baute diverse Prototypen. Das größte Aufsehen erregte 1956 die Mopetta, ein einsitziges Dreirad mit Wetterschutz für den kleinen Geldbeutel: Das 1,70 m

lange Ei sollte nur 750 Mark kosten. Der Moped-Motor hatte 2,5 PS und trieb das Vorderrad an. Angeblich sollte das Auto auch schwimmen können, aber das tat es nicht. Erst hieß es, Georg von Opel wollte 100.000 Stück bauen, dann blieb es bei 10 Exemplaren, und Brütsch entwickelte statt der Eintags-Fliegen lieber Fertighäuser aus Kunststoff.

Der Feuervogel. Spatz/Victoria 250

Unter den Prototypen des Paul Brütsch war auch ein dreisitziger Mini-Roadster aus Kunststoff, der auf den Namen „Spatz" hörte. Er gefiel dem Fabrikanten Harald Friedrich aus Traunreut in Oberbayern. 1954 kaufte er eine Lizenz. Der Spatz war jedoch noch nicht flügge, sondern bekam bei den Versuchsfahrten Risse in der Karosserie. Friedrich beauftragte den früheren Tatra-Konstrukteur Ledwinka, aus dem unfertigen Dreirad ein perfektes Vierrad-Auto zu machen. 1956 ging der Spatz in Serie: ein schmucker kleiner Sportwagen mit 10 PS für 2.975 Mark. Leider fing die Plastik-Karosse leicht Feuer, und von den 859 Spatzen endeten etliche als Brathühner. 1957 übernahmen die Victoria-Werke in Nürnberg die Fertigung, 1958 rollte das letzte Exemplar vom Band. Insgesamt wurden 1.588 Stück gebaut.

Das rollende Ei. BMW Isetta

1954 erkannten die Bayerischen Motorenwerke in München, daß man mit den großen Sechs- und Achtzylindern keine Gewinne machen konnte. BMW beschloß, in die Kleinwagen-Produktion einzusteigen, erwarb eine Lizenz der italienischen ISO-Werke und baute ab 1955 die eiförmige Isetta. In der 2,25 m kurzen Kanzel, die man von vorne besteigen mußte, hatten zwei Personen und etwas

Gepäck Platz. Der 250 ccm-Viertaktmotor hatte 12 PS und trieb die kurze Hinterachse mit zwei Rädern an. Das Ei lief 85 km/h und kostete 2.580 Mark, 1.210 Mark weniger als der billigste VW Käfer. Die Isetta war zuverlässig und hatte einen guten Kundendienst – der Erfolg war gesichert. BMW baute von 1955 bis 1962 rund 162.000 Stück.

Das Fliegengewicht. Heinkel Kabine

Auch der ehemalige Flugzeugbauer Ernst Heinkel erkannte, daß die Form der ISO Isetta genial war. Er erwarb aber keine Lizenz, sondern informierte ISO und BMW, daß sein Ei anders sein werde: der Motor kleiner, das Gewicht geringer, nur ein Rad hinten, das Lenkrad klappt beim Ein- und Aussteigen nicht zur Seite. Die „Heinkel Kabine", so war der schlichte Name, wurde von dem Einzylinder-Viertaktmotor aus dem Motorroller „Tourist" angetrieben. Er hatte erst 175, dann 200 ccm und 9 bis 10 PS. Das Fahrzeug wog nur 250 kg und lief 86 km/h; die Leichtbauweise mußte aber mit einem notorischen Klappern und Scheppern bezahlt werden, und das Reserverad lag ständig im Wasserbad. 1956 bekam das Coupé hinten zwei Räder. Von 1956 bis 1958 liefen in Speyer fast 12.000 Heinkel-Kabinen vom Band.

Die deutsche Corvette. Meyra 200-2

Wilhelm Meyer war Chef der Meyra-Werke in Vlotho an der Weser und baute Krankenfahrstühle. 1953 wagte er sich an Kleinautos mit drei Rädern, und dann baute er 50 „Meyra 200" – ein Isetta-förmiges Dreirad, das aber länger war und 2+2 Sitze hatte. Die Karosserie war aus Sperrholz mit Kunstleder-Überzug, und man konnte nur die rechte Seite der Front öffnen. 1955 war der „Meyra 200-2" eine kleine Sensation: der erste deutsche Serien-

wagen mit Kunststoff-Karosse. (1953 hatte die Chevrolet Corvette den Trend angegeben.) Der Polyester-Meyra sah futuristisch aus, verkaufte sich aber nur 480mal.

Der Goggo, das Goggo. Goggomobil T 250

Größter Konkurrent der Isetta war das Goggomobil. Es kam ebenfalls 1955 auf den Markt. Der Landmaschinenfabrikant Hans Glas in Dingolfing wollte gleich ein richtiges Auto bauen, in Pontonform mit vier Rädern und zwei Türen an der Seite. Nur eben zwei Nummern kleiner. Der Zweizylinder-Zweitakt-Motor hatte 250 oder 300 ccm und 13,5 bzw. 15 PS. Auf der Rückbank hatten zwei Kinder Platz. 1957 kam ein schnittiges Coupé hinzu. Die Limousine kostete 500 Mark mehr als die Isetta, trotzdem wurde das Goggomobil länger gebaut: bis 1969 setzte man 281.000 Autos ab.

Der Leukoplastbomber. Lloyd 300

Man schrieb 1951, und da war plötzlich ein richtiges Auto für 3.334 Mark da, billiger als der Volkswagen. Der Lloyd 300 kam aus den Bremer Lloyd-Werken, die zum Borgward-Konzern gehörten. Die Karosserie war aus einem Hartholzgerippe, wurde mit Sperrholz verkleidet und mit Kunstleder bespannt. Das Auto war 3,20 m lang, hatte genug Platz für vier Personen und besaß Frontantrieb. Der Zweizylinder-Zweitakter leistete 10 PS. In den nächsten Jahren bekam der „Leukoplastbomber" 400 ccm und 13 PS sowie eine Stahlblechkarosse. Bis 1957 wurden 132.000 Wagen verkauft. 1955 begann die Produktion des 600, und 1958 folgte der Alexander. Aber das war dann schon ein erwachsenes Auto.

Gertrud Oheim

Gedankenlose Sünder

Verhaltensregeln für frühe Kraftfahrer (1955)

Als die Herren Daimler und Benz mit ihren „Benzinkutschen" zum erstenmal so mit etwa 10 Kilometer je Stunde über die Straßen „brausten", wollte man ihnen das Fahren als lebensgefährlich verbieten. Was würden die amtlichen Organe von damals heute sagen, wenn sie sähen, daß einer mit seinem „Straßenkreuzer" ohne polizeiliches Einschreiten theoretisch glatte 180 km/h fahren kann? Leider ist die sehr umstrittene Aufhebung der Geschwindigkeitsbegrenzung für Kraftfahrzeuge von den Kraftfahrern vielfach so ausgelegt worden, daß sie ihnen das Recht gäbe, ihren Wagen nun überall voll „auszufahren". Daß nach wie vor die Pflicht besteht, sich im Straßenverkehr so zu verhalten, daß man niemanden gefährdet, wird oft vergessen. Man benutzt auch belebte Großstadtstraßen als Rennstrecken, beachtet die Vorfahrtsbestimmungen nicht, parkt, wo es einem gefällt, quetscht sich ohne Hemmungen durch kleinste Schlupflöcher und überholt bei unübersichtlichen Steigungen – jeder vernünftige Autofahrer kennt das Sündenregister derer, die sich in dem Gefühl sonnen, unbedingt sichere Fahrer und gegen alle Unfälle gefeit zu sein und die das überall warnende Plakat „Fahrt vorsichtig! Der Tod dauert ewig!" nur auf andere, nie auf sich selbst beziehen.

Nun, wenn es noch Zeit dafür ist, gibt die Polizei den Leuten, die sich absolut nicht an Disziplin gewöhnen wollen, an Sonntagvormittagen gern und gratis Nachhilfeunterricht in Verkehrsfragen oder befreit sie durch Wegnahme des Führerscheins auf Zeit oder für immer von der lästigen Aufgabe, sich einzureihen. Überlassen wir also ihr diese Sünder und befassen wir uns mit den kleineren, den Sündern aus Gedankenlosigkeit.

Sie sind zahlreicher als man glaubt, und – vielleicht auch die besserungsfähigen. Das fängt mit dem Gefühl an, daß ihnen allein die Straße gehört, daß alles respektvoll zur Seite zu flüchten hat, wenn sie „nahen". Nun, ganz so ist es ja nicht. Das werden sie begreifen, wenn sie die ersten Beulen aus den Kotflügeln heraustreiben lassen müssen, weil der andere absolut nicht beiseite rücken wollte, weil – nun, weil er nicht konnte oder es nicht brauchte. Oder wenn anklagend einer sein zu einer verschrumpelten Acht zusammengefahrenes Fahrrad hochhebt oder wenn gar, noch schlimmer, Rad und Mensch unter dem Wagen liegen, nur weil man nicht rechtzeitig abgestoppt oder voller Angst vielleicht Bremse und Gashebel verwechselt hat oder nicht daran dachte, daß man bei Glatteis nicht Caracciola spielen soll. Nur einem rüden Burschen macht es Spaß, harmlose, vielleicht wirklich ein wenig gedankenlos über die Straße schlendernde Mitmenschen aus nächster Nähe durch scharfe und plötzliche Hupsignale in Todesschrecken zu versetzen. Wie oft ist gerade dadurch erst ein Unglück entstanden! Oder dadurch, daß man lautlos, aber im D-Zug-Tempo an so einem Gedankenlosen vorbeirasen wollte. Im letzten Augenblick macht er vielleicht doch noch einen nicht vorauszusehenden Schritt, und das Unglück ist da.

Denkt daran, daß der Kraftfahrer immer der Stärkere ist und daß *bei ihm zuerst nach der Schuld gesucht wird*.

– Wenn ihr euch über Harmlose oder auch Böswillige ärgert, die euch mit oder ohne Absicht das Fahren schwer machen, dann fallt nicht gleich aus der Rolle und macht nicht das Wort wahr, daß jeder, der ein Steuer in die Hand nimmt, automatisch zum Flegel wird. Ein deutsches Gericht hat zwar – sicher waren die Richter auch Kraftfahrer – entschieden, daß Ausdrücke wie Idiot, Kamel oder ähnliche, der besonderen Kraftfahrersprache entnommene Schimpfwörter unter Kraftfahrern nicht als Beleidigung anzusehen seien. Wenn es schon so sein muß, dann eben auch nur unter Kraftfahrern, weil die wissen, was sie davon zu halten haben. Jeder andere wird es aber mit Recht übelnehmen. Es zeugt auch nicht gerade von besonders feinen Sitten, wenn man ihm mit einem deutlichen Tippen an die Stirn klarmachen will, daß er das ist, was man sich in diesem Fall vielleicht nicht herauszuschreien getraut, nämlich ein Idiot. Geht lächelnd darüber hinweg, wenn ihr seht, daß euch einer böswillig zum Abstoppen zwingt, anstatt selbst den Schritt zu verlangsamen. Spart eure Wutausbrüche. Er hört euch durch die Scheiben doch nicht und ist vielleicht noch beschämt, wenn er diese Reaktion auf sein Verhalten sieht.

- Revanchiert euch auch nicht dadurch, daß ihr bei Regenwetter im Eiltempo durch Dreckpfützen rast und eure Freude daran habt, daß die Schmutzfontänen ganze Kaskaden von Unrat über Nylons, Kleider und Mäntel der verwünschten Fußgänger ergießen. Das ist eines Kavaliers und vor allem der „Dame am Volant" unwürdig und kann außerdem sehr teuer werden, wenn sich einer eure Nummer gemerkt hat und nachweisen kann, daß ihr rücksichtslos gefahren seid.
- Wenn ihr beim Parken in eine kleine Lücke hineingeschlüpft seid und beim Abfahren doch noch einen Rumpler beim Nachbarn macht, dann könnt ihr zeigen, wer ihr seid. Der Mann ist nicht da. Es lockt also die Gelegenheit, spurlos zu verschwinden. Tut ihr es, seid ihr *kein* Kavalier vom Steuer. Ihr würdet euch nicht weniger als er ärgern, wenn euch das an eurem schönen Wagen geschieht. Steckt ihm eure Karte oder eure Adresse unter den Scheibenwischer mit einem höflichen Wort des Bedauerns, und er wird verstehen, selbst zahlen, wenn es sich um eine geringfügige Sache handelt, oder euch die Rechnung zuschicken, wenn es mehr ist. Und er wird denken: es gibt doch noch anständige Menschen!
- Es gibt auch Fahrer, die so geräuschlos starten und anfahren können, daß sie auch in stiller Nacht nicht zu hören sind. Andere künden schon durch donnerähnliches Zuschlagen der Türen, minutenlanges heulendes Warmlaufenlassen des Motors und düsenjägermäßiges Abfahren an, daß hier ein Kraftfahrer am Werk ist, wie wir ihn *nicht* haben wollen.
- Versucht nicht, aus Prinzip jeden „abzuhängen", der euch auf der Landstraße begegnet. Es ist billig, mitleidig lächelnd eine „alte Klamotte" hinter sich zu lassen oder einen beschaulich fahrenden X-Zylinder, der vernünftigerweise *spazieren*fahren will und keinen Rennfahrerehrgeiz hat.
- Auf nächtlicher Landstraße oder Autobahn soll man auch nicht „Christbaum" mit dem scheinwerferbestückten Fahrzeug spielen. Es ist verboten und gefährlich, andere so zu blenden, daß sie unsicher werden und vielleicht ein Unheil anrichten. Und wenn man selbst auf einen Rücksichtslosen stößt, der sich durch gar nichts zum Abblenden bringen läßt, dann hält man lieber an oder fährt ganz vorsichtig weiter. Für die Ausrede, man sei geblendet worden und hätte nichts sehen können, hat das Gericht nämlich nur einen Strafbefehl übrig.
- Helft lieber und lacht nicht boshaft, wenn andere eine Panne haben! Das nächste Mal seid ihr vielleicht an der Reihe. Fahrt nicht davon, wenn ihr ein Unglück angerichtet habt, überlaßt es nicht dem Nächsten, Retter in der Not zu spielen. Solltet ihr an einem Unfall nicht beteiligt sein, helft lieber und denkt nicht nur

an euren schönen Wagen, den ihr nicht beschmutzen lassen wollt.

- Seid vorsichtig mit den gewerbsmäßigen „Anhaltern“, die auf eure Kosten große Reisen machen wollen. Verschließt aber eure Ohren nicht vor wirklicher Notlage.
- Auch Lkw-Fahrer haben manchmal sportlichen Ehrgeiz. Man muß oft bis auf 90 Kilometer stündlich heraufgehen, um einen rasenden Koloß zu überholen und aus der gefährlichen Nähe seines hin und her schaukelnden Anhängers herauszukommen. Zwar steht am hinteren Ende des Fahrzeuges die freundliche Mahnung: „Hör auf deine Frau! Fahr vorsichtig!“, aber wie oft wird *nicht* danach gehandelt! Muß es auch sein, daß sich die zumeist mit Dieselöl fahrenden Lastzüge vor allem an Steigungen in einer Tarnkappe dichten, schwarzen, stinkenden Qualmes hüllen und damit nachfolgenden Wagen jede Sicht nehmen? Die Industrie versichert hoch und heilig, daß es bei richtigem Fahren durchaus *nicht* nötig sei ...

Man sieht, die großen und die kleinen Sünden wider den guten Verkehrston verteilen sich auf alle gleichermaßen. Die kleinen sind es, die es uns besonders angetan haben, denn sie sind am leichtesten auszumerzen. Es gehört ja nur ein klein wenig Rücksichtnahme dazu. Ein höfliches, ein bedauerndes, ein entschuldigendes Wort, ein freundliches, ein humorvolles Lächeln sind besser und billiger als Schimpfkanonaden, Fäuste und – Gericht.

Kamel am Steuer

Kleine Historie aus nervenkitzelndem Benzindunst:

Stieß da ein biederer Aachener Bauunternehmer bei der Heimfahrt von einem Gauliga-Spiel seines Fußballclubs „Alemannia“ in der langen Autokolonne mit dem Wagen eines Arztes zusammen und nannte diesen frischweg „Idiot“ und „Kamel“. Der solchermaßen titulierte Jünger Äskulaps, der an einer Herzneurose litt, bekam ob solchen Schimpfs einen Herzanfall, der ihn für acht Tage aufs Krankenbett warf. Der Bauunternehmer hatte sich nun zu seinem Erstaunen wegen Körperverletzung vor dem Schöffengericht zu verantworten. Seine Argumentation vor Gericht: „Ausdrücke wie ‚Kamel‘ sind in solchen Situationen unter Kraftfahrern verkehrsüblich und keine Beleidigung. Ich konnte nicht damit rechnen, daß mein Gesprächspartner gleich einen Herzanfall bekommt.“ Der Vorsitzende nickte beifällig, und der Bauunternehmer erhielt seinen Freispruch.

Das „Kamel“ – in südlicheren Landstrichen der Bundesrepublik mag dafür ersatzweise „Du Hirsch“ dienen – ist also gewissermaßen ADAC-reif geworden. Eine Sonder-Rechtsprechung für Münchner Berufs- und Amateurchauffeure, bei denen die Skala mit dem harmlosesten „Saubläda Hund, saubläda“ anfängt, liegt unseres Wissens noch nicht vor. Kamel, Hirsch und Hund, da soll einer sagen, daß uns die Zivisilation de-naturiert!

(Ernst Müller-Meiningen jr., Süddeutsche Zeitung, 1953)

Monika Putschögl

Der Herr von Zelle 66

Wer zweimal in die Tüte bläst …

„Über Einskommadrei" wurde ihm zum Verhängnis. Beim ersten Mal lief alles noch ganz glimpflich ab. Beim zweiten Mal da mußte er ins Kittchen, der Publizist und Zeit-Chefredakteur Josef Müller-Marein.

Dabei war doch eigentlich gar nichts passiert. Außer daß er nicht so gut im Rückwärtsfahren war: „Es bumste ein bißchen. Zwar fuhr ich in die Parklücke ein. Aber hinter mir schrie eine Stimme: ‚Sie sind wohl besoffen?' Ein Polizist nahm dies zur Kenntnis und mich ins Revier."

Das wäre alles nicht so tragisch gewesen, hätte er eben nicht schon einmal in die Tüte geblasen. Das war, nachdem er „mit einer weitgereisten" Gräfin Sekt getrunken hatte, unglücklicherweise an einem Tag, als man in Hamburg ein Feuerwerk zündete und der Verkehr in der Innenstadt umgeleitet wurde. Ein Polizist schickte ihn in eine Straße, die sonst Einbahnstraße war, ein Polizist am anderen Ende wußte von der Regelung nichts. Müller-Marein landete vor dem Richter, und der entschied „Einskommaacht" und nahm ihm Geld und für einen Monat den Führerschein ab.

Nach der verhängnisvollen Rückwärtsfahrt „über einskommadrei", übrigens zehn Jahre später, kam alles anders, Müller-Marein zu einer Gefängnisstrafe und die Nachwelt zu einer mit vielen humorvollen Szenen angereicherten, aber dennoch nachdenklichen Schilderung eines Häftlings im Hamburg der späten sechziger Jahre: „Wer zweimal in die Tüte bläst ..." heißt Josef Müller-Mareins „Ballade vom Einsitzen", erschienen 1967 im Christian Wegner Verlag und versehen mit Zeichnungen von Paul Flora.

„Sauber gewaschen", wie es in der Aufforderung stand, findet sich Müller-Marein als sogenannter „Selbststeller", also als einer, der nicht verhaftet wurde, im Gefängnis in Hamburg-Fuhlsbüttel ein. Ausgerüstet mit Rasierapparat nebst Klingen, Rasierseife, Pinsel, Zahnbürste, Kamm – und einem Buch, einer Sammlung lateinischer Sprüche und Redewendungen, die ihm zu Grundmotiven seiner Gefängnisbeschreibung werden sollen.

Zuerst ist Warten in bunter Reihe angesagt, bis ein jeder zwei dicke Wolldecken, ein gewürfeltes Oberlaken, eine große Blechschüssel etc. erhalten hat, und Müller-Marein macht Bekanntschaft mit den Gefangenen, vom Bierfahrer, was Wunder wegen Trunkenheit ertappt, bis zum horazkundigen Herrn aus dem Erziehungsdienst, wegen Trunkenheit ertappt. Nur der Opa, der dauernd den WC-Deckel lüpft, „ick hep et upp de Bloose", sitzt „tsche goar nich wegen Auto", sondern scheint in diesen kalten Wintertagen ein Quartier gesucht und gefunden zu haben.

Vom Doktor eingeteilt zu leichterer Arbeit, geht's zum Vollzugsleiter, der eine Ansprache hält, die in dem Ratschlag gipfelt: „Richten Sie Ihr Verhalten danach ein, daß Sie, wenn Sie entlassen sind, keine Verbindungen untereinander mehr haben!" Nach all den Übergangs-, Auswahl- und Sortierkammern, in denen Müller-Marein den Tag verbracht hat, landet er schließlich in Zelle 66. Und befaßt sich erst einmal ausführlich mit der Verhaltensvorschrift vom 16. Dezember 1950, deren erster Satz lautet: „Durch den Vollzug der Freiheitsstrafe sollen die Gefangenen an Ordnung und Arbeit gewöhnt und in ihrer inneren Haltung möglichst so gefestigt werden, daß der Begehung neuer Straftaten vorgebeugt wird." Beim Anblick von „vier Scheiben Brot, einem Würfel Margarine und einem Klecks Weißkäse" verspürt er keinen Hunger. Zur

Nachtlektüre erhält er noch „eine Beschreibung der segensreichen Tätigkeit katholischer Missionare im ehemals belgischen Kongo".

Am nächsten Morgen geht es in einem Wagen, in dem alle Gefangenen in kleinen Käfigen sitzen, ab zur Untersuchung ins Untersuchungsgefängnis – zur körperlichen; Blutabzapfen und Röntgen sind dran. Am Nachmittag schließlich werden die Gefangenen auf ihre endgültigen Quartiere verteilt. Am Abend dieses Tages und etwa bei der Hälfte seiner Ballade findet sich Müller-Marein schließlich auf dem Land in einer „offenen Anstalt" wieder, sinnigerweise in einer ehemaligen Trinkerheilanstalt.

Dort wird ihm auch gleich mitgeteilt, was er verdient – 70 Pfennig am Tag, fünfunddreißig werden gespart (insgesamt vier Mark zwanzig werden es während seines zwölftägigen Aufenthalts sein), die anderen fünfunddreißig darf er verprassen, zum Beispiel eine Briefmarke jeden Tag, und es würden noch fünf Pfennig übrigbleiben. Dann werden alle Neuankömmlinge eingekleidet. Nicht jeder einzeln. Nein, der Strafvollzugsbeamte hat sich vorgenommen, ein Stripteaseballett aufzuführen. „‚Damit wir uns gut verstehen', so begann er, ... ‚Wir werden alles gemeinsam machen. Ich sage Ihnen an, welches Kleidungsstück zu entfernen ist, und Sie entfernen es – dies und nichts anderes.'" Das Ballett hat einen tieferen Sinn, alle sollen gleichzeitig nackt und gleichzeitig wieder angezogen sein. Müller-Marein stört die Choreographie dieser Aufführung allerdings durch anhaltende Lachanfälle.

Mit vier „Zellenherren" verbringt er die nächsten Tage in der gemeinsamen Stube und in der Küche. Er holt morgens Milch vom gefängniseigenen Gut, säubert den Küchenboden, trocknet Beamtenbesteck, hört die Geschichten der Knastologen, vom kleinen Fahrunternehmer zum Beispiel, den die drei Monate Gefängnis wegen Trunkenheit um seine zwei Lastwagen und an den Rand des Ruins gebracht haben ... und er erfährt von den Bomben, den Verstecken draußen im Wald. Als er entlassen wird, findet er in einer Bombe zur Erinnerung sein Kartoffelmesser wieder, das mit den drei Kerben.

Zwölf Tage war Müller-Marein im Gefängnis, jeder hat es gewußt, ihm hat es nicht geschadet, vorbestraft zu sein. Aber in seinem Buch, in dem immer wieder Szenen zum Schmunzeln verführen, menschliche Schwächen und Tricks aufgedeckt, manche Absurditäten vor Augen geführt werden, hat er sich auch seine Wut über die Gefängnisstrafe für Promillesünder von der Seele geschrieben, deren Sinn er nicht einsehen kann. Vom Vollzugsbeamten, der die Küche leitet, bekommt er noch etwas mit auf den Weg: „Ein richtiger Säufer sind Sie nicht. Denn Säufer wissen, wann und wo sie nicht Auto fahren dürfen." ... „Sie sind eine saudämliche Gesetzeslücke! Weiter sind Sie nichts – Sie und alle anderen Pro-Miller!"

Eberhard Grosse

Der kleine Rote

Zur Adria – und kein Zurück

Es war knallrot, und sein Verdeck war aufrollbar. Das Wägelchen – ein Auto war es eigentlich nicht – sorgte für Aufsehen. Zumindest in der schwäbischen Kreisstadt Nördlingen im Donau-Ries.

An die genaue Typenbezeichnung kann ich mich nicht mehr erinnern, aber es war der sportliche Ableger eines Fiat 500. Das Ganze ist in der Zwischenzeit über dreißig Jahre her. Alte Liebe rostet nicht. Ich wäre glücklich, wenn ich wenigstens ein Foto von dem kleinen Flitzer hätte. Es gibt leider nur Erinnerungen – davon aber ganz intensive. Viel mehr als an alle anderen Autos, die ich im Laufe der Jahre besaß.

600 Mark sollte ich für den gebrauchten Sportwagen im Spielzeugformat bezahlen. 300 als Anzahlung – den Rest nach einem Werkstattbesuch. Die unbedingt notwendigen Reparaturen kosteten aber um die 300 Mark. Und so war alles paletti. Stolz wie Oskar drehte ich die ersten Runden durchs Städtchen. Bald darauf ging es ins Heimatland meiner Neuerwerbung, die zuvor schon einige andere kurzzeitige Liebhaber gehabt hatte. Mit meinem Freund „Heppe" wurde die abenteuerliche Reise an die italienische Adria angetreten.

Sicherheitsdenken ade. Italien, wir kommen! Zwar ließ sich die linke Seitenscheibe nicht herunterdrehen, und die rechte Tür klemmte total. Aber was macht das schon? Vollgas auf der Autostrada. Einige Autos kleineren Kalibers wurden sogar überholt. Doch vor Mailand streikte der überhitzte Renner. Bei jedem Auskuppeln starb zudem der Motor ab. Führerschein-Neuling, so ein Auto und Mailand in der Hauptverkehrszeit – Alptraum. Aber irgendwie klappte es. Am Urlaubsort wurde an jedem Morgen nach dem Herauskrabbeln aus dem Zelt erst einmal das Auto in gespannter Erwartung gestartet. Freude über jeden erfolgreichen Versuch. Dann die Heimreise. Der kleine Rote benötigte etwas Sprit, aber er verschlang Unmengen an Öl. Benzin nachschauen, Öl volltanken! Nächtens, in der Nähe von Memmingen leuchtete wieder das gefährlich wirkende rote Alarmlämpchen. Verdammt, das Öl ging schon wieder zur Neige. Keine Tankstelle weit und breit, dafür aber strömender Regen. Auf einer Wiese wurde campiert. In Schräglage. Eine grauenhafte Nacht, aber bei Helligkeit ein erneuter Versuch. Das Lämpchen schlief wohl noch. Es leuchtete nicht rot, aber nach 500 Metern flackerte es doch wieder tückisch auf. Ein letztes Mal: Kolbenfresser. Totalschaden.

Anruf daheim. Das Abholkommando rollte an. Mein roter Liebling wurde in eine Werkstatt geschleppt. Mitleidiges Lächeln der Fachleute. Exitus. Ein Geselle zahlte 20 Mark für meinen ganzen Stolz. Ein trauriger Abschied. Dabei paßten wir so gut zusammen. Unser gemeinsamer Lebensweg dauerte nur wenige Monate, und auch die miteinander gefahrenen Kilometer werden die 4.000 nicht überschritten haben. Aber wenn ich überhaupt an eines meiner verflossenen Autos zurückdenke, dann an den kleinen, roten Flitzer. Schade, daß es ihn nicht mehr gibt.

Michael Schreiner

Gottes Rasthaus

Die erste Autobahnkapelle: Adelsried bei Augsburg

„Neues Auto geholt – laß mich bitte ein aufmerksamer und vernünftiger Verkehrsteilnehmer sein. Rudi." Ein frommer Wunsch. Geschrieben im Sommer 1996 mit blauem Kugelschreiber bei Kilometer 64,4 gleich neben der A 8 Stuttgart-München, steht dieser Satz in einem dicken Buch, das als eine Art Protokoll der Herzensanliegen und fortgeschriebene private Chronik des fahrenden Volks der Deutschen gelten kann. Das Besucherbuch in der Autobahnkapelle Adelsried bei Augsburg ist ein öffentliches Tagebuch.

„Tankstelle für die Seele" und „Gottes Rasthaus" wird die schlichte, lichtdurchflutete Kapelle gerne genannt. Geöffnet ist sie Tag und Nacht für alle, die des Weges kommen. Eine Möglichkeit, abzubiegen und Halt zu machen. Gang raus, Motor aus, Stillstand. Es gibt hier keinen Rummel, keine Würstchen, keine Zapfsäule, keinen Shop, keine Musik, kein Telefon, keine Lichthupe und keine Drängler. Nur das ewige Rauschen der Autobahn – und genügend Abstand zu allem.

„Maria, Schutz der Reisenden" wurde von dem Augsburger Papierfabrikanten Georg Haindl gestiftet und im Oktober 1958 „an der Hauptschlagader des deutschen Verkehrs" eingeweiht – es war die erste Autobahnkirche in Deutschland. „Eine absolute Novität", erinnert sich Do-

Stop & pray: Deutschland-Premiere für die erste Autobahnkirche bei Augsburg, Oktober 1958; heute sind es 13 – siehe Seite 64

minikaner-Pater Gregor Ruf, „es war eine Kirche ohne Leute".

Nicht sehr lange. Denn die Zielgruppe, die mobile Gemeinde, war ja von Anfang an da – draußen in den Führerhäusern der Lkw und hinterm Steuer der Pkw. Und den Spruch der 50er kannten eh alle: Mach mal Pause. Aber auch „Stammgäste" aus der näheren Umgebung, die der Enge ihrer Dorfgemeinde entkommen wollen und lieber im Schutz der Fremden beten, fanden sich sogleich ein.

14 Meter breit, 17 Meter lang ist die Kirche – und ohne Sitzplatz. 300 Leute finden hier ein Dach über dem Kopf. Eingewachsen von hohen Bäumen ist das luftige Gotteshaus mit dem 16 Meter hohen gläsernen Turm inzwischen. Viel mehr Verkehr als damals, Ende der 50er, rauscht draußen vorbei. Schneller und bleifrei. Der für fast 500 Wagen ausreichende Parkplatz ist nun zum Teil dauerbelegt von Berufstätigen aus der Region, die hier Fahrgemeinschaften bilden; das gab es früher nicht.

Die Wege sind weiter geworden, das Volk noch mobiler, mehr Frauen sind am Steuer, die Männer fahren nur noch selten mit Hut – und mittlerweile gibt es zwölf weitere Autobahnkirchen in Deutschland. Doch sonst hat sich nicht viel geändert. Es ist so, wie sich das der Architekt und Kraftfahrer Raimund Doblhoff 1958 für die erste Autobahnkirche des Landes vorgestellt hat: „Zu Füßen des Heilands am Kreuze fahren in der Ferne die Autos."

Vom ersten Tag an lag ein Gästebuch auf bei Kilometer 64,4. Ein Angebot, von dem viele Durchreisende in der Anonymität Gebrauch gemacht haben während ihrer Auszeit an der Autobahn. Inzwischen dürften „um die 75 Bände" vollgeschrieben worden sein, schätzt Dominikaner-Pater Ruf, der das Gotteshaus „Maria, Schutz der Reisenden" an der Autobahn seit nunmehr 38 Jahren betreut.

Zehntausende Fürbitten, Danksagungen, Beichten, Grüße, gute Vorsätze, Wehklagen, Hoffnungsschimmer, Notrufe, Stoßseufzer und Gebete sind in den dicken Wälzern festgehalten – jetzt lagern sie im Diözesanarchiv in Augsburg.

Zwiesprache mit Gott halten die meisten hier wie mit einem alten Bekannten auf dem Beifahrersitz. „Hallo, wir sind's mal wieder, beschütze unsere Kinder und helf uns gesund wieder heimzukommen. Evi + Eugen." In krakeliger Kinderschrift: „Lieber Gott mach, daß es keine Atomversuche mehr gibt." Oder: „Danke Gott, daß ich nicht schwanger bin." Eine junge Augsburgerin schreibt, sie habe vor sieben Jahren an der Kapelle Rast gemacht auf dem Weg zum Studienbeginn in Karlsruhe, eine ungewisse Zukunft vor sich als Herausforderung. Nun ist sie auf dem Rückweg – und stattet Dank ab für ein erfolgreich beendetes Studium.

Die Kapelle ist ein Fixpunkt geworden für viele, ein Hafen, den sie anfahren für ein paar Minuten vertrauter

Stille. Es gibt Fernfahrer, die sich jede Woche im Buch verewigen. Keine großen Worte, einfach nur kleine Zeichen. Sie wissen, daß es da draußen immer um Leben und Tod geht. Einige werden sich bei der Gelegenheit den Aufkleber mitgenommen haben, der am Schriftenstand ausliegt: „Bei Lebensgefahr ruft mir einen Priester."

Pater Gregor Ruf, der verläßlich jeden Sonntag um acht, um zehn und um 18 Uhr einen Gottesdienst für „kirchennahe und kirchenferne Besucher" hält, sieht die Kirche als Angebot, das sich ausdrücklich an alle Menschen – Gläubige, Fernstehende und Ungläubige – wendet. Missionieren will er nicht – und Fahrlehrer sein erst recht nicht. In seinen Predigten geht es beileibe nicht nur um PS und Autothemen.

Aber Ruf hat einige Autofahrergebete verfaßt, die man sich als kleines Faltblatt ins Handschuhfach legen kann. „... bewahre mich vor mir selbst, wenn ich waghalsig fahren möchte". Lektüre im Stau. Zur Besinnung ist es nie zu spät.

Schon 1966, als an manchen Sommersonntagen bis zu 3.000 Besucher zu den Messen neben der Autobahn kamen, sprach Seelsorger Ruf („Ich fahre selbst nicht gern fort") über die Verkehrserziehung in der Kiche eher pragmatisch. „Es fährt jeder so, wie er konstruiert ist. Wer daheim seiner Frau die Tür vor der Nase zuhaut, wird sich auch am Steuer als Rüpel zu erkennen geben."

Bischof Joseph Freundorfer glaubte 1958 bei der feierlichen Einweihung der Autobahnkirche fest daran, „daß die Unglücksfälle auf den Straßen sich bis auf eine sehr geringe Zahl vermindern ließen, wenn hinter jedem Steuerrad ein wirklicher Mensch und ein echter Christ, ein wahrer Liebender säße". Ein frommer Wunsch.

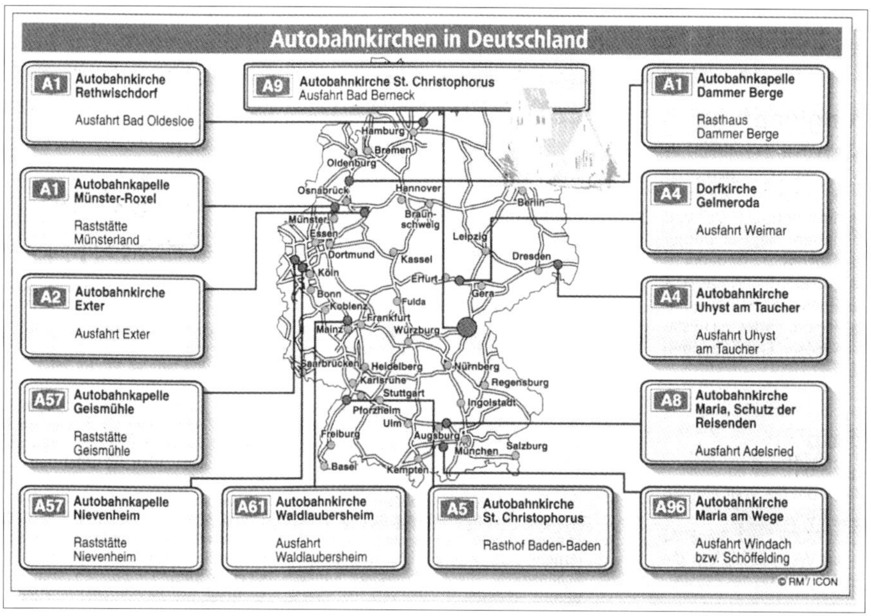

Ralf Roman Rossberg

Der Pkw als Handgepäck

Die frühen Autoreisezüge: „Auto fährt, Fahrer schläft“

So praktisch und unverzichtbar das Auto auch sein mag: Bisweilen wird die Fahrerei lästig. Zwar soll es auch Zeitgenossen geben, die sich auf den allgemein gefürchteten Stau bei Ferienbeginn und Urlaubsende gerade so freuen wie auf die freien Tage selbst. Die Mehrzahl freilich hätte doch lieber „Grüne Welle“, und manch einer nimmt dafür den Umweg zum Bahnhof in Kauf, verlädt sein Vehikel und legt sich schlafen, um erst nahe dem Reiseziel das Steuer wieder selbst in die Hand zu nehmen. Mit dem Slogan „Nachts einen Tag gewinnen“ suchte die Bundesbahn den Automobilisten schon Ende der fünfziger Jahre besonders auf weiten Strecken den „Autoreisezug“ schmackhaft zu machen, mit dem man den eigenen fahrbaren Untersatz gewissermaßen als Handgepäck mitnehmen konnte.

Die Idee war keineswegs neu – im Gegenteil: Sie war weit älter als das Auto und beinah so alt wie die Eisenbahn, die 1835 in Deutschland zum ersten Mal „zum Zug“ kam. Schon 1842 konnten bei der Berlin-Anhaltischen Eisenbahn für 21 1/2 Taler „leichte Equipagen“ von Berlin nach Leipzig mitgenommen werden. Und Emil Bürgers „Buch für Winterabende“ brachte 1844 in einem „Gemeinnützigen Anhang“ ganze Tabellen mit Eisenbahntarifen für den „Transport von Fuhrwerken etc.“; so konnte man für 8 Gulden und 15 Kreuzer seinen „schweren mit Koffern bepackten Reisewagen“ von Frankfurt am Main nach Castel verladen, „gewöhnliche viersitzige Kaleschen“ für 6 Gulden und 12 Kreuzer. Daß in Deutschland ab 1. April 1930 Autos in Eilgüterzügen befördert wurden und 1938 zum halben Satz des ermäßigten Gepäcktarifs, erstaunt demgegenüber wenig; schon damals, als auf den Autobahnen noch paradiesische Zustände herrschten, muß die „Autofahrt mit der Eisenbahn“ manchem ungeübten Fahrer bequemer und den Preis wert erschienen sein.

Nach dem Zweiten Weltkrieg setzten nicht nur die deutschen Bahnen Autoreisezüge ein. Am 19. Juni 1955 verließ ein solcher, damals eher noch als ungewöhnlich betrachteter Zug Londons King's Cross mit Ziel Perth in Schottland; neben Schlafwagen bestand er aus Flachwagen, auf denen die Autos der Fahrgäste mitfuhren. Dieser Zug galt als der Ursprung der neuzeitlichen Autoreisezüge.

Schon die ersten dieser Züge verkehrten in Nachtverbindungen mit Schlafwagen, in denen sich nach der Devi-

se „Auto fährt, Fahrer schläft" tausend Kilometer und mehr bequem zurücklegen ließen. Die Verhältnisse auf den Straßen führten tatsächlich zu einer stark steigenden Inanspruchnahme der Autoreisezüge. Immer neue Relationen wurden bedient, immer neue Angebote ersonnen. So kam es auch zur Einführung der Tageszüge, und am 20. September 1973 – knapp vor der sogenannten „Öl-krise" – feierte die Bundesbahn im Autoreisezug Hamburg-Avignon das millionste Auto, das seit 1956 verladen worden war.

Mit der Wirtschaftskrise Mitte der 70er Jahre trat jedoch ein deutlicher Knick in der bis dahin ungebrochenen Aufwärtstendenz ein. Verladebahnhöfe, Zugverbindungen und Verkehrszeiten wurden wieder eingeschränkt. Bedeutendste Neuerung waren 1969 die doppelstöckigen Autotransportwagen für 160 km/h. Ansonsten investierte die Bahn nur ungern in diesen Geschäftszweig, dem – vielleicht gerade deshalb – die rechte Dynamik fehlte. Der Aufwand war hoch, die Eisenbahnwagen konnten nur zeitweise ausgelastet werden und standen außerhalb der Saison oft abgestellt herum, die Züge waren personalintensiv und verlangten vielfach umständliche Rangiermanöver, außer den Zügen mußten ortsfeste oder fahrbare Rampen vorgehalten werden, und voll waren die Züge selbst während der sorgfältig ausgewählten Verkehrstage auch nur an einer Reihe von Spitzentagen. All diese Faktoren ergaben hohe Preise, die wiederum das Kundenpotential in Grenzen hielten.

Die oft beschworenen „verkehrsökonomischen Nutzen" wie Straßenentlastung, höhere Verkehrssicherheit oder Energieersparnis waren ohnehin marginal und blieben ohne meßbaren Einfluß auf das Verhalten der Autofahrer.

Grit Förg

Begräbnis am Kreuzbergpaß

Unsere frühen Käfer

Daß „er rollt und rollt und rollt", hat uns die Käfer-Werbung erstmals in den späten 60ern vermittelt. Unser erster Käfer überzeugte uns durch seine „Roll-Leistung" am Bodensee: Als stolze Autobesitzer wollten wir ihn gebührend pflegen, und in Ermangelung von Gartenschlauch (Etagenwohnung im Obergeschoß!) nutzten wir einen Ausflug an den Bodensee. Der Käfer stand auf einem abschüssigen Kiesstrand und wurde von uns professionell mit Kernseife und Eimergüssen bearbeitet. Da begann er zu rollen – immer dem Schwäbischen Meer zu. Weil wir damals schon so clever waren, hatten wir zum Waschen alle Türen und Fenster sogar abgesperrt, und so trabten wir neben dem immer schneller werdenden Auto her, wild im Schloß herumfummelnd. Bis wir ihn schließlich wieder im Griff hatten, stand das Wasser im Fußraum und der Käfer inmitten einer Schar paddelnder Enten.

Aber so ein Käfer verzeiht jeden Anschlag! Der Nachfolger unseres „Schwimmkäfers" war der erste mit einem Schiebedach. Die totale Innovation! Wir fuhren von Italien nach Kärnten, vom Winde verweht, und fühlten uns großartig. So großartig und übermütig, daß wir den Kreuzbergpaß in Angriff nahmen: Eng, steil und sandigschottrig zog sich das Sträßchen bergan, kein Vergleich mit den heutigen Straßen, die stets zwei Autos Platz bieten. Damals aber kam uns ein vollbeladener Heuwagen entgegen, versuchte auszuweichen, geriet in Schräglage, kippte und begrub uns! Heu, Stroh, Staub – prustend und schniefend gruben wir uns durch unser segensreiches Schiebedach ins Freie. Der Bauer stand derweil daneben und half mit der Heugabel etwas nach. Stoischer Kommentar: „Dös is jetzt dumm ..." Sein Sohn wurde geschickt, um im Dorf Hilfe zu holen. Die kam dann auch, einige Mann hoch samt Seilwinde, und Millimeter für Millimeter hob sich das Heugefährt, bis es schließlich arg mitgenommen und zerbeult wieder stand.

Aber der Käfer! Der schien sich wie ein begossener Pudel zu schütteln. Er kam leicht ächzend wieder hoch, federte ein-, zweimal und stand wie eine Eins – oder besser wie ein Käfer. Außer einigen winzigen Schrammen war er topfit.

Allerdings hatten wir als Souvenir noch Wochen später die gesamte Insektenwelt Kärntens im Auto. Immer wieder krochen seltsam gefärbte, schillernde Käfer aus irgendwelchen Ritzen – Käfer zu Käfer!

Familien-Dynamik: Nicht nur die Kinder wachsen, auch die Modelle im Hintergrund werden von Mal zu Mal größer.

Zunehmende Foto-Routine: Der Blick geht nicht ins Objektiv, man schaut ins Ungefähre

Nicola Förg

„Der Eismann kommt!“

Und ob das Gartenhäuschen auch abgestaubt werden soll

Jede Familie hat so ihre eigene Zeitrechnung, meist geprägt von familiären Ereignissen („Im Jahr, als Tante Rosl starb“; „im Jahr, als wir gebaut haben“ usw.). Wir dagegen hatten immer eine rein freizeitorientierte Zeitrechnung, bei der Urlaube unsere Fixpunkte waren oder die Anschaffung von Sportgeräten: „War das nicht das Jahr, in dem Du das neue Surfbrett gekauft hast ... ?“

In den frühen 50er Jahren war es der Gipfel der Unverfrorenheit, nicht bloß im Vorstadt-Strebergarten – Verzeihung Schrebergarten zu urlauben, sondern im Ausland! Menschen mit derartig kühnen Plänen hatten ihr Zelt dabei und zogen gen Arkadien. Das taten meine Eltern natürlich auch mehrmals – bis die Firma Dethleffs den „Camper“ ersann. Dieser erstaunliche erste Wohnwagen bestand aus einem etwa meterhohen Unterbau mit Einbaumöbelchen und einem ausklappbaren Oberbau, der zur Hälfte ganz offen blieb. Nach heutigen Wohnwagen-Dimensionen war der Kleine eher „putzig“ zu nennen, und deshalb verzieh man ihm auch, daß die Scharniere an den Schränken nie hielten: Alles lag munter über den Boden verteilt ...

Als meine Eltern erstmals am Lago Maggiore vorfuhren, wurden sie ungläubig beäugt, die Menge wartete in gebührendem Sicherheitsabstand, was da wohl kommen möge. Als der Oberbau hochgestützt war und meine Mutter die Markise an der Stirnseite ausgeklappt hatte, war plötzlich ein befreiender Ruf zu hören: „Der Eismann ist da!“ Umso größer die Enttäuschung, als sich das futuristische „Klapp-mich-Zieh-dich“ als privat entpuppte. Von Eis keine Spur.

Es war nicht die Penetranz der Campinggäste, die ständig den vermeintlichen Eis- oder Würstlstand stürmten, daß mein Vater sich vom Camperchen schließlich trennte. Es gab ein brandneues geschlossenes Modell, und er wollte einfach wieder der Vorreiter sein mit solch einem Gefährt. Mal wieder ging es durch die Schweiz nach Italien, und da stand er nun, der Hütebub mit seinen Kühen. Er starrte das Campingmobil an wie hypnotisiert. Eine seiner Kühe hob – wohl ebenfalls tief beeindruckt – den Schwanz. Die ganze Ladung floß über das Gesicht des armen Burschen. Auch dem Mann von der Tankstelle war das alles nicht geheuer. Er tankte das Auto voll, wischte die Scheiben, umschlich den Camper. Dann kam er nach vorne und fragte mit zögerlichem Stimmchen: „Soll i's Gartahüüsli au abstauba?“

Hans Herbert Götz

Chrom oder nicht Chrom

Aus der Welt der Knubbel

Es gibt viele Dinge auf der Welt, die man gemeinhin mit Knubbel bezeichnet. Der Knubbel, den wir im Sinne haben, ist ein moderner Knubbel, denn er hat etwas mit dem Auto zu tun. Wir meinen mit Knubbel jenes runde, in der Regel eiserne Ding, das verstohlen und verschämt etwas unterhalb des Abschlußblechs oder der Stoßstange des Autos herauslugt, sich in einem rechten Winkel nach oben reckt, sich dann zu einem kugelförmigen Etwas, eben jenem Knubbel, verbreitert und verdichtet. Der Knubbel dient dazu, irgendeinen Anhänger hinter dem Auto herzuziehen.

Nun sagt man das so leicht daher, als ob es selbstverständlich wäre, an ein Auto etwas dranzuhängen. In Wahrheit ist der Knubbel ein entscheidender Einbruch in das Wesen des Autos. Er verwandelt jenes Auto vom reinen Fahrzeug in eine Zugmaschine, und zwar gleichgültig, ob der Knubbel seinem ureigensten Zweck gerade nutzbar gemacht wird oder nicht. Ferner bezeichnet ein Knubbel das Auto zweifelsfrei als ein vom Gewinn abziehbares, will sagen, „abzugsfähiges", segensreiches, weil steuermindernde Unkosten produzierendes Produktionsmittel. Zwar sind nicht alle Autos, die keinen Knubbel mit sich herumtragen, zweckfreie, nur der Lust und nicht dem Erwerb dienende Fortbewegungsmittel, aber der Wagen mit Knubbel ist in der Regel beides: er dient der Lust und dem Erwerb.

Der „Knubbel an sich" hat das Fahrzeug entscheidend verändert. Für den Beobachter zeigen sich oft die merkwürdigsten, fast, möchte man sagen, „dialektischen Umschläge", vor allem bei den schwereren Wagentypen; dann beispielsweise, wenn der, so scheint es, mehr der zweckfreien Lust als dem Gewerbe im engeren Sinne des Wortes dienende „große Wagen" sich durch den Knubbel als Zugmaschine ausweist – wobei, wie wir sehen werden, es für die soziale Einordnung entscheidend darauf ankommt, wie der Knubbel beschaffen ist und wer die Insassen der Zugmaschine sind. Jedenfalls hat der Knubbel irgend etwas Entlarvendes. Er zeigt das Auto und seine Insassen um einen Grad deutlicher. Freilich gibt es Autos, die schon von vorneherein die Möglichkeit, Zugmaschine zu sein, in ihrem Wesen enthalten. Soziologisch interessanter aber sind die Fälle, bei denen Wagen, die „zu Höherem" geboren sind, nun in die gewinnbringende Sklaverei des Ziehens von Lasten gezwungen werden.

Nun ist in unserer komplizierten und differenzierten Gesellschaft erklärlicherweise nicht Knubbel gleich Knubbel, sondern es gibt bemerkenswerte Unterschiede. Sie schwanken zwischen den beiden Extremen des schäbigen, rostigen und des glitzernden verchromten Knubbels. Dazwischen gibt es unzählige Varianten. Oft sieht man die Selbstgefertigten und Selbstgeschweißten, die auf handwerklichen Ursprung deuten. Die stärkste statistische Häufigkeit wird wohl bei den gekauften, schwarz gestrichenen Knubbeln liegen: die verchromten sind in der Minderheit, ein gesellschaftspolitisch bereits wichtiges Phänomen. Erste Anzeichen einer Elite-Bildung? Man sieht verchromte Knubbel auch gelegentlich in „unteren" Gruppen, jedoch gibt es dort eine Grenze, die bereits Hochstapeleien ahnen läßt.

Die Beschaffenheit des Knubbels läßt oft sehr exakte Schlüsse auf das Wesen des Anhängers und damit zugleich auf den Autoinhaber, seine Position und Funktion im Rahmen der Gesellschaft zu. Als Generalregel läßt sich vielleicht sagen, daß verchromte Knubbel auf eine feinere, höhere Lebensart (so würde vielleicht Thomas Mann sagen) schließen läßt. Am Chromknubbel hängen Ruderboote, seetüchtige Jachten und Jollen, vielleicht Spezialwagen für edles Reit- und Renngetier oder komfortable Wohnwagen. Dagegen kann man beim verrosteten oder schwarzen Knubbel auf das große, schier unübersehbare Sortiment schließen, das Vieh und Fleisch, Obst und Gemüse, Steine und Erden, Farben und Lacke und ähnliches umfaßt und das mit Hilfe des Knubbels nach den Regeln der Marktwirtschaft geschafft wird.

Soziologisch interessanter als diese Normalfälle sind die Ausnahmen. Von gewissen pathologischen Fällen soll hier nicht die Rede sein, aber es ist doch schon bemerkenswert, wenn man an sogenannten „dicken Wagen" einen schwarzen oder gar verrosteten Knubbel sieht, der eindeutig auf starke Beanspruchung vor allem während der Werktage hindeutet. Der volle soziologische Reiz des Knubbels enthüllt sich in der Regel nur am Sonntag, wenn das Gefährt frei von der Last des Anhängers fährt. Hier treten dann Knubbel und Insassen in ein aufregendes Spannungsverhältnis, das denjenigen ergreift, der selbst im Auto fährt, überholen will und so Gelegenheit hat, das Antlitz des vor ihm fahrenden Wagens von hinten zu studieren. Die damit verbundene Spannung erreicht ihren Höhepunkt, wenn es beim Überholen gelingt, einen Blick auf den Fahrer, die Fahrerin oder die Beifahrer zu werfen. Dabei ergeben sich oft die merkwürdigsten Überraschungen. Diese Überraschungseffekte sind dann noch größer, wenn man den Wagen zunächst von vorne und dann erst von hinten sieht; wenn also etwa die große Limousine vor dem Kurhaus vorfährt, die üppige, reich behangene Blondine dem glitzernden verchromten Traum entgleitet, der sich dann bei der Abfahrt als nüchterne Zugmaschine entpuppt, während sich die Blondine unzweideutig als „im eigenen Betrieb des Mannes tätige Ehefrau" (so der Terminus der Steuergesetze), als eine vielleicht hinter der Theke stehende, dortselbst Wurst oder Weißwaren verkaufende, vielleicht auch die Buchhaltung führende sogenannte „mithelfende" Ehefrau erweist. Natürlich muß es nicht immer die Ehefrau sein, auch hier sind Varianten möglich. Vielleicht kann man sagen, daß der schwarze, mit Sicherheit aber der verrostete Knubbel eindeutig ein dem Mittelstand einschließlich der Landwirtschaft eigenes Auto-Attribut ist, während der verchromte mehr in Richtung der Industrie zu weisen scheint. Die Soziologie ist eine junge Wissenschaft mit noch kaum voll geahnten Möglichkeiten. Sie soll helfen, die Strukturen der Gesellschaft sichtbar zu machen. Das Auto gehört zur modernen Gesellschaft hinzu; diese ist ohne das Auto nicht mehr zu denken. Aber seine Einordnung ist schwer, die Käufer- und Benutzerschichten sind im raschen Wechsel begriffen. Wo ist noch Klarheit? Der Knubbel ist zur Wahrheitsfindung fast unentbehrlich geworden.

(Aus: FAZ, 17.12.1955)

Die verbrannte Ente (1)

Jörg Roth

Die verbrannte Ente (2)

Regen, Rost und Reparaturen

Persönlich kann ich den Zeitpunkt auf drei Jahre genau eingrenzen, an dem die Republik sich veränderte: Es war zwischen 1958 und 1961, als die Nachkriegszeit erst wirklich zu Ende ging und wir Westdeutschen reif wurden für den Krieg auf den Straßen. Mein Führerschein liefert dafür den Beweis: mit 18 Jahren hatte ich ihn erworben, und zwar ausschließlich für die Motorrad-Klasse I. Wozu einen Autoführerschein? Ich konnte mir im Sommer 1958 einfach nicht vorstellen, daß ich es je in meinem Leben zu einem Auto bringen würde.

Drei Jahre später war es so weit: Schluß sollte es sein mit Kälte und Nässe. Statt des Motorrollers mußte ein Auto her. Also rasch zum Führerschein Klasse III anmelden, fünf Fahrstunden zum ermäßigten Studententarif genügten ja. Und dann sah ich ihn an der Leopoldstraße in München stehen, den Wagen, für den das bei diversen Ferienjobs sauer verdiente Geld gerade so reichte: „2 CV zu verkaufen, 1.000 Mark."

Hätte ich die heruntergekommene rote Wellblechkarosse mit dem aufrollbaren Stoffdach auch gekauft, wenn mir bewußt gewesen wäre, daß damit meine Karriere als Automechaniker begann? Wenn ich heute von Freizeitproblemen junger Leute höre! Die erste Ausfahrt endete auf einem Autobahnparkplatz bei Weyarn, als die Reste der Kupplung aufs Pflaster regneten. Im Lauf der folgenden Wochen lernte ich, den Zweizylinder-Boxermotor samt seinen 12 Pferdestärken in jeder Lebenslage zu demontieren und wieder zusammenzusetzen. Unvergeßlich bleibt mir ein gelungener Differentialtest: der Wagen hatte zuletzt nur noch eigenartige Ruckelbewegungen vollführt. Der Sache mußte ich auf den Grund gehen. Schauplatz war der große, am Wochenende leere Werksparkplatz der Firma BMW. Um beobachten zu können, was geschah, montierte ich erst – was nur ein Handgriff war –

die Kühlerhaube ab und setzte mich dann bei laufender Maschine in den Motorraum hinein. Dann zog ich am Gashebel. Dank der integrierten Fliehkraft-Kupplung, die erst bei höheren Drehzahlen die Kraftübertragung herstellte, hoppelte der Wagen los und raste dann, immer mehr Tempo gewinnend, mit aufbrüllendem Motor auf eine Mauer zu. Daß ich erschrocken den Gashebel gleich wieder zurückschob, änderte nichts, denn wieder einmal hatte sich die Verbindung zwischen Vergasergestänge und Drosselklappe gelöst – eine ausgesprochene Schwachstelle! Erst in letzter Sekunde gelang es mir, die beiden Zündkerzenstecker abzuziehen, was den Wagen zum Stehen brachte. Immerhin, die Diagnose war richtig: Am Planetenrad im Differentialgetriebe fehlten etliche Zacken. Na ja, das ließ sich reparieren!

Von heutigen Komfortansprüchen aus gesehen, ist wohl das Erstaunlichste, daß sich seinerzeit sogar eine Frau bereitfand, in so einen Wagen einzusteigen. Sie wurde – besonders im Winter – zur wertvollen Kopilotin: War schon die wärmende Anwesenheit einer Beifahrerin unter der gemeinsamen Wolldecke angesichts einer völlig wirkungslosen Heizung unverzichtbar, so ließen sich zum Beispiel verschneite Paßstraßen ohne Partnerin überhaupt nicht überwinden. Sie mußte nämlich regelmäßig zur Be-

schwerung der Antriebsräder auf der Motorhaube Platz nehmen, für welchen Anlaß eigens Sturmhaube, Windbrille und dicke Handschuhe bereitlagen.

Andererseits erwies sich die Konstruktion als überaus partnerfreundlich. Beide stoffbezogenen Sitzbänke waren nämlich in Minutenschnelle zu entfernen und ließen im Wageninneren eine wahre Spielwiese zurück. Zelt, Caravan, Hotel? Wer mit dem 2 CV unterwegs war, konnte auf dergleichen leicht verzichten.

Allerdings war es auch konstruktionsbedingt, daß wir zwischen Granada und Cordoba bei strömendem Regen in einer geschlossenen Bahnschranke landeten. Der Scheibenwischer wurde nämlich von dem im linken unteren Eck der Windschutzscheibe plazierten Tachometer angetrieben. Stand das Auto, stand auch der Wischer. Und wenn's wieder weiterging, beschleunigte eben auch das Wischblatt nicht schneller als der Wagen. Wie konnte man da sehen, daß die zweite Bahnschranke noch unten blieb, als sich die erste endlich hob?

Und meine asymmetrisch geformte linke Zeigefingerspitze ist nicht etwa das Ergebnis eines genetischen Defekts, sondern das genau jener Tachometer-Konstruktion des Herrn André Citroen. Aus Langeweile – was bei etwa 70 km/h Höchstgeschwindigkeit schon mal vorkam – hatte ich während einer Autobahnreise nichtsahnend den Finger in eine Öffnung am Tacho gesteckt. Er wurde von zwei gegenläufig rotierenden Zahnrädern erfaßt und regelrecht abgefräst. Heutzutage würde das vermutlich eine weltweite Rückrufaktion auslösen und die Herstellerfirma in den Ruin treiben. Damals genügte ein Stück Isolierband aus dem Werkzeugkasten zur Schadensbegrenzung.

Nach sieben Jahren zähem Kampf gegen Rost und Reparaturkosten ging's irgendwie nicht mehr weiter. Doch deshalb unser Auto einem Schrotthändler überantworten, der aus seinen Teilen auch noch schnöden Profit schlagen würde? Nie und nimmer. Den Motor bekam ein guter Freund zum Geburtstag. Der Rest wurde verbrannt.

Ja ich weiß, das war wenig umweltfreundlich und auch damals schon verboten. Deshalb entfernten wir auch vorsichtshalber das Typenschild. Es liegt noch heute auf meinem Schreibtisch und lautet: No. 03229026 AZU.

Dietrich Mühlner

Freund Bacchus

Und sein unrühmliches Ende

Mein erster hieß „Bacchus". Das soll nicht etwa das verschämte Geständnis eines alternden Mädchens sein. Nein, hier soll die Rede von einem Auto sein. Wie gesagt, mein erster hieß „Bacchus". Bacchus war der Gott des Weines. Mit seinem Namen ist schlechthin der Begriff froher Zecherstimmung verbunden. Ganz abgesehen von dem Katzenjammer, der einem am nächsten Tage an den Vorzügen des edlen Rebensaftes zweifeln läßt. Für mich war „Bacchus" nicht der Gott des Weines, sondern des Weinens.

Ich kann mich noch genau daran erinnern, wie ich ihn zum ersten Male sah. Ihn umgab nicht das Fluidum eines superelleganten Autosalons. Er sah so verlassen aus. Am Rande eines Parkplatzes entdeckte ich ihn.

Seine Windschutzscheibe zierte ein Schild: „Zu verkaufen". Das war aber auch die einzige Zierde, die er aufzuweisen hatte. Wenn man die Relation mit einem Hundejahr gleich sieben Menschenjahre nimmt, so dürfte „Bacchus" das biblische Alter von 119 Jahren auf seinen Stoßdämpfern gehabt haben.

Ich stelle ihn mir als Jüngling vor. Ein rassiger, kleiner Sportwagen, Verdeck zurückgeklappt, am Steuer eine hübsche junge Frau. Es muß Frühling gewesen sein und die Sonne sich in den Chromteilen widergespiegelt haben. Beide waren sehr glücklich, die junge Frau und das kleine Auto.

Ich kaufte ihn. Mit allen Erinnerungen, die ich ihm andichtete. Dafür erschien mir sein Preis noch wohlfeil. Denn Erinnerungen sind unbezahlbar.

Unbezahlbar war auch mein Verhältnis zu ihm. Der Werkstattmeister grüßte mich bald wie den Alleinerben eines Backpulver-Konzerns. Für ihn muß „Bacchus" dasselbe wie ein abgetakelter Wirtschaftswunder-Kapitän sein, der dank seines Geldbeutels auf eine zweite Jugend hofft. Wenn es regnete, knallten mit tödlicher Sicherheit die kleinen Stäbchen durch, mit deren Hilfe die Scheibenwischer ihre nützliche Tätigkeit vollbringen. Die Vorstellungen eines behördlichen technischen Gutachters über Bremsweg und Bremszeit strafte er mit Nichtachtung.

Lassen Sie mich bitte den Umfang der weiteren Reparaturen dezent verschweigen. Ich kann nur sagen, daß „Bacchus" im Laufe der Zeit buchstäblich runderneuert wurde. Alles an ihm war neu. Er wußte es aber geschickt zu verbergen. Nach ihm drehte sich niemand um. Auch nicht nach mir. Kein Mensch vermutete, daß ich schon längst den Wunderschlitten eines Playboys mein eigen nennen könnte.

Apropos Playboy. Es gibt auch in unseren Wirtschaftswundertagen noch Gelegenheiten, zu denen man mit einem Wagen wie „Bacchus" Staat machen kann. Wenn man zum Beispiel zum Ball fährt, mit einer Sonnenbrille und einem Frack verkleidet, lässig über die Tür entsteigt, weil die Bolzen sich so verklemmt haben, daß man einfach nicht anders herauskommt, dann werden Sie für einen Snob gehalten, der nur aus einer steinreichen Marotte heraus ein solches Vehikel fährt. Man weiß nicht, wer Sie sind, ist aber ohne Zaudern bereit, Ihnen den Nimbus eines verkappten Kinohelden zuzubilligen.

Doch zurück zu „Bacchus" und seinem unrühmlichen Ende. Vielleicht hatte sich mein Tankwart einmal in dem tückenreichen Mechanismus der Kühlerhaube einen Finger geklemmt und sann auf Rache. Jedenfalls ließ er beim Ölwechsel einen Putzlappen im Motor liegen. Dank der ungeahnten Pferdekräfte, die „Bacchus" meist ungenutzt durch den Auspuff in die Gegend sandte, entzündete sich der Lappen und setzte „Bacchus" in Brand. Er muß lebensmüde gewesen sein, denn für diese Gelegenheit hatte er sich ausgerechnet eine Gegend ausgesucht, die im Baedeker mit drei Sternen als Naturschutzgebiet ausgewiesen ist. Kein Mensch weit und breit, von der Feuerwehr ganz zu schweigen.

Die Versicherung der Tankstelle teilte mir nach einem halben Jahr auf dringliches Anfragen mit, daß sie nicht geneigt sei, meine Wünsche in voller Höhe zu begleichen. Schließlich handle es sich um ein Fahrzeug älterer Bauart. Als ob alte Autos anders brennen als neue!

Von dem Geld kaufte ich mir einen Angelkahn. Soll für die Nerven sehr beruhigend sein. Besonders, wenn man einen Wagen wie „Bacchus" gefahren hat.

Markus Götting

Meisterschaft

... und gäbe es Günther Koch nicht, die Fußball-Sendung in Bayern I wäre nur mühsam zu ertragen. Ein krasser Gegensatz: Koch, gegen Ende seiner Einsätze mit der Geschwindigkeit eines Schnellfeuergewehrs redend, fast ohne Luft zu holen; dann der Rückpaß ins Studio, der Moderator droht zu entschlummern beim Reden, kämpft mit jedem Satz, boxt holprig seine Anmoderation in die Leitung. Und es drängt sich das Gefühl auf, er wüßte eigentlich gar nichts zu sagen. Als Exil-Rheinländer mag man elegisch werden in solchen Momenten und zurückdenken an Jugendzeiten, da Eddie Körper und Kurt Brumme im WDR-Studio saßen. *Tore, Punkte, Meisterschaft* hieß die Sendung damals, und wir haben freiwillig Vaters Auto gewaschen, zur Not auch noch das der Nachbarn.

(Aus: Süddeutsche Zeitung)

Horst-Eberhard Hütt

Vier Männer und ein Kasten Bier

Die abenteuerliche Geschichte einer Wettfahrt rund um die Welt

Es war buchstäblich eine Bier-Wette, genauer gesagt, die Wette um einen Kasten Bier, die 1966 vier Männer in zwei Autos entgegengesetzt um die Welt fahren ließ. Auf der Automobilausstellung in Frankfurt hatten die beiden Dortmunder Journalisten Günter Meierling und Horst-Eberhard Hütt das Rallye-Team Joachim Springer und Dr. Günther Brendel zu der Wettfahrt mit zwei Alltags-Automobilen herausgefordert. Springer, Ingenieur und Journalist, und sein Co-Pilot, Arzt und ebenfalls aus Tutzing, hatten gerade zum dritten Mal die Tour d'Europe gewonnen.

Selbstverständlich hatte Jule Vernes Roman „In 80 Tagen um die Welt" Pate bei den ersten Plänen für das Weltreise-Rennen mit zwei Alltagsautomobilen gestanden. Und selbstverständlich war von vornherein klar, daß das Autorennen um die Welt in der halben Zeit der literarischen Vorlage, nämlich in 40 Tagen, entschieden werden sollte. Die von den Verlierern zu bezahlende Siegprämie: Ein Kasten Münchner oder Dortmunder Bier – je nach geographischer Herkunft der Verlierer.

Hier der Bericht aus dem Fahrtenbuch des nach Westen aufgebrochenen Teams: Das waren Meierling und Hütt, Kollegen in der Reportageredaktion der Ruhr-Nachrichten und erfahrene Freunde auf manch gemeinsamer und abenteuerlicher Auto-Fahrt durch Europa, Afrika und Asien. Schon 1959 waren wir in 55 Tagen mit einem Geländewagen vom Nordkap in Nordnorwegen bis zum Kap der Guten Hoffnung in Südafrika gefahren: genau 27.920 km durch 22 Länder. Mit 14 Nachtfahrten und etlichen Marathon-Etappen, einer von 61 Stunden ohne Pause.

Der Wagen: der für die Bundeswehr entwickelte DKW-Geländewagen mit Zweitakt-Motor und 44 Pferdestärken, Allradantrieb, Spitze etwa 95 km/h.

Die Strecke: Vom nördlichsten Punkt Europas quer durch den Kontinent bis Südspanien und über die Straße von Gibraltar nach Nordafrika. Ab Algier stur Südkurs: 3.000 km ohne Asphalt und häufig auch ohne Markierung durch die Sahara, davon 1.000 km ohne Baum, Brunnen und Benzin. Anschließend durch Busch und Savanne Nigerias und weiter an oder immer in der Nähe der Westküste weiter gen Süden durch die Regenwälder der damals noch französischen Republik Gabun und Kongo,

Wie es Horst-Eberhard Hütt fast an den Kragen ging – eine von ungezählten exotischen Begegnungen zwischen Köln und Köln.

Unterwegs auf der ersten Fahrt ohne Grenzen: von Kap zu Kap, vom Nordkap bis zum Kap der Guten Hoffnung im DKW-Geländewagen.

Belgisch-Kongo, Angola, das Ovambo-Reservat, ehemals Deutsch-Südwest und Südafrika.

Unsere Berichte schrieben wir von unterwegs. Wenn es ging, übernachteten wir in Hotels oder Rasthäusern oder, wenn in der Wüste oder im Dschungel jeder Komfort fehlte, im Zelt oder einfach im Auto. Bis zu 28 m tief waren die Brunnen, aus denen wir das Wasser für die erfrischende Brause oder das Kaffeekochen mit einem Eimer an einer Nylonschnur schöpfen mußten. Die Karten mit Pisten und Brunnen hatten wir vom „Klub der Freunde der Sahara". Es war die Zeit, als die Kolonialherren aus Europa in Afrika die Koffer packen mußten.

Ein Jahr vor der Wettfahrt gegen Springer/Brendel hatten wir während der ersten deutsch-arabischen Krise (weil die Bundesrepublik diplomatische Beziehungen zu Israel aufnahm) bei einer Reportagefahrt rund um das Mittelmeer sieben arabische Länder in Nordafrika und Nahost besucht und Antworten auf die Frage gesucht: „Alemani noch gefragt?" Über 15.000 km fuhren wir mit dem Auto. Wir frischten unsere Fahrkünste in Sand und auf Geröll auf, feindselige Ablehnung fanden wir nirgend wo.

Bei den Fahrten von Kap zu Kap und rund ums Mittelmeer hatten wir jedes Detail der Touren selbst planen und organisieren müssen. Wir hatten mit Botschaften, Frachtagenten, Touristenorganisationen und Journalisten-Kollegen verhandelt. Bei der Wettfahrt rund um die Welt halfen uns ganze Stäbe aus der Kölner Ford-Pressestelle beim Aufspüren aktuellster Straßenkarten, bei taktischen Planspielen von verschiedenen Routen beim Sammeln und Durchsehen von Flug- und Schiffsplänen, beim vorsorglichen Reservieren von Passagen und bei Verhandlungen mit diplomatischen Vertretungen und amerikanischen Militärdienststellen.

K – TH 903 contra K – TH 905: Marianne Koch – ihr Spitzname damals: „4711 – immer dabei“ – startet das Rennen am Kölner Dom.

Am 13. April 1966 starteten beide Teams mit zwei serienmäßigen und völlig gleich ausgerüsteten Autos vom Typ Ford 20 M TS im Schatten des Kölner Doms. Damit es für die Foto- und Fernsehkollegen optisch was hergab, senkte Marianne Koch – Filmschauspielerin, TV-Beruferaterin und nach dem Urteil mehrerer Textkollegen die „deutsche Traumfrau“ – die Starterflagge. Das Durcheinander mit ganzen Heerscharen, deren fürstlich honorierte Aufgabe es war, möglichst viel Wirbel zu machen, war strapaziöser als eine Nachtfahrt durch den Dschungel: Unsere Wettgegner mit Kurs gen Osten ließen Fotoausrüstung und – was viel schlimmer hätte werden können – ihr PP-Täschchen (Piepen und Papiere) im Hotel stehen; wir – auf dem Weg gen Westen – verpaßten unsere Autobahnauffahrt. Unser Malheur war schnell korrigiert; das vergessene Gepäck unserer Kontrahenten mußte ins Wiedbachtal nachgebracht werden.

Über 20.000 km auf eigenen Reifen lagen vor jedem Team. Nur dort, wo politische oder kriegerische Umstände stärker waren als ihre Wagen und ihr Wagemut, oder wo Meere den Landweg versperrten, durften nach den Wettregeln beide Teams Fährboote, Schiffe oder Flugzeuge benutzen. Heute sind Super-Cargo-Flüge, bei denen viel schwerere Frachten als ein überladener PKW transportiert werden, zwischen jedem Land möglich und üblich. Damals gab es erst wenige Super-Frachtflugverbindungen, und wegen des Vietnam-Krieges wechselte die Lage in Fernost praktisch von Tag zu Tag.

Unser Luftsprung von London nach New York war kein Problem, auch nicht die gut 5.200 Kilometer auf den

Highways bis San Francisco. Doch dann saßen Günter und ich dreieinhalb Tage in der Stadt auf den 14 Hügeln am Pazifik fest, weil wir zwar unser Auto in eine Frachtmaschine nach Saigon, selbst aber keinen Platz via Vietnam bekamen. Auch in allen Zivilmaschinen in Richtung Krieg waren die Plätze für GI's beschlagnahmt. Unsere von Ford instruierten Kontaktleute mußten ein Telefon-Marathon absolvieren, um zwei GI's aus einem Clipper heraus- und uns hineinzubekommen. Doch in Saigon saßen wir dann fest. Die von dem zum Start in Köln extra angereisten Deutschland-Direktor der Pan-Am gegebene Zusage, die thailändische Regierung habe ausnahmsweise den Lufttransport unseres weißen Autos von Saigon nach Bangkok genehmigt, galt beim Start in San Francisco nicht mehr. Dennoch war für uns keine Kurskorrektur möglich. Eine Schiffspassage über den Pazifik nach Tokio oder Singapur hätte viel zu lange gedauert.

Also flogen wir in den Krieg. Dabei ging uns ein Sonntag verloren. Den 24. April 1966 hat es für Günter und mich nicht gegeben. Er ging in unserem Reisetagebuch futsch, als wir beim Fast-24-Stunden-Flug SFO – Saigon mit der Boeing 707 auf der Etappe von Honolulu nach Guam die Datumsgrenze überflogen. Für Saigon und Südvietnam wußten wir, daß es auch auf dem Landweg kein Entrinnen aus der fernöstlichen Mausefalle gab. Auf der nur gut 70 km langen Straße entlang des Mekongs bis zur kambodschanischen Grenze lieferten sich Vietkong und US-Soldaten blutige Gefechte.

Unser Retter in Saigon war Mister Harker, Kapitän des 12.000 t-Frachters „Green Mountaine-State", der, von der US-Navy gechartert, Nachschub zwischen Singapur und Saigon schipperte. Zurück fuhr das Schiff immer leer. Die Amis, korrekter der Commander des Military Sea Transport Service, hatte Verständnis für den „joke" von Köln nach Köln und genehmigte ohne das OK des Marine-Oberkommandos in Tokio die Mitnahme unseres Autos auf der „Green Mountaine-State".

Von Singapur wollten wir über Malaysia, Burma, Indien, Pakistan, Afghanistan, Persien und die Türkei zurück an den Bosporus und nach Europa fahren. Nach 1.850 km gen Norden war die Fahrt auf den eigenen Rädern erst einmal zu Ende. Die Grenze war dicht. So ging es für unser Auto weiter mit dem Schiff nach Ceylon, so hieß damals Sri Lanka. Wir mußten fliegen, weil der Seelenverkäufer, der unser Auto im Hafen von Penang an Bord nahm, keine Passagiere befördern durfte.

Niemand hat es später uns und unseren Rivalen geglaubt, daß wir vier uns unverabredet, wirklich durch puren Zufall und auch ohne Zutun der Wettfahrleitung bei Ford in Köln, bei der wir uns regelmäßig telefonisch oder telegrafisch zu melden hatten, auf Ceylon trafen: kurz vor Mitternacht des 23. Reisetages im Hotel „Mount Lavinia", das in dem Filmklassiker „Die Brücke am Kwai" als Kulisse für fernöstliche Herrlichkeit gedient hat. Wir saßen in unserem Zimmer 246 und hämmerten auf der vom Hotel ausgeliehenen Schreibmaschine, Marke Imperial, Modell 1904, einen Luftpost-Bericht für die Heimatredaktion.

Unser Poltern auf dem Uralt-Schreibgerät störte die Nachbarn in Zimmer 247: unsere Wettfahrt-Rivalen Springer und Brendel.

Der Rest der Nacht wurde verklönt.

Im „Mount Lavinia" hatten wir Juwelier Dean Ismail kennengelernt. Sein Großvater hatte 1863 das Juweliergeschäft in dem Luxushotel gegründet. Könige und Königinnen und – so Dean Ismail stolz – der normannische Kleiderschrank Curd Jürgens, Bing Crosby und Bob Hope zählten zu den Kunden. Dean Ismail lud uns zusammen mit unseren beiden Freunden für den nächsten Tag in das Luxushotel „Galle Face" am Strand von Colombo ein, zur Doppelhochzeit seiner beiden Nichten.

Der Multi-Millionär und mit 52 Abschüssen „Leopardenkönig von Ceylon" hatte uns eine „orientalische

Hochzeit" (die Ismails stammen aus Marokko) versprochen, und nach unseren Erfahrungen mit fernöstlichem Prunk hatten wir einiges erwartet. Doch die Wirklichkeit im „Galle Face" übertraf alle phantasievollen Vorstellungen.

Über 2.000 Gäste waren zur Doppelhochzeit gekommen: Dean Ismails große Familie, Geschäftsfreunde, Politiker, Gummi-Könige, Tee-Millionäre und das gesamte Diplomatische Korps, viele mit Kind und Kegel. Auf zwei Riesenbühnen im Festsaal thronten die beiden Hochzeitspaare, die Bräute in teuren Spitzengewändern während des stundenlangen Nonstop-Programms aus Folklore, Bauchtanz, Ballett, Gesang und Musik. Für den Festschmaus waren hinter dem Hotel zwei Riesenhallen aufgebaut worden: teure Stahlrohrkonstruktionen, die Seitenverkleidungen der Stadtmauer von Fez nachgebildet. „Seid ihr auch glücklich?" wollte Dean Ismail immer wieder während des Festes von uns wissen. Wir versicherten es, obwohl wir in Gedanken natürlich meist auf den noch vor uns liegenden unbekannten Abenteuern unseres Wettrennens waren. 15 Tage hatten wir noch.

Das Glück war auf der Seite von Springer und Brendel. Sie erwischten für ihr Auto einen Schnelldampfer nach Hongkong. Dort konnte der Wagen direkt in den Flieger nach San Francisco verladen werden. Der Rest über US-Highways und der Luftsprung über den Atlantik waren für die beiden Rallye-Asse Routine. 13 Minuten vor Ablauf der 40-Tage-Frist rollten sie mit ihrem Ford K – TH 903 vor dem Kölner Dom vor.

Wir hingegen standen am 40. Tag mit unserem Ford K – TH 905 noch vor der persisch-türkischen Grenzstation Bazargan und erlebten dort eine 20-Stunden-Zwangspause auf unserer 9.000 km langen Nonstop-Fahrt Karachi – Köln: Der türkische Sani erkannte nach dem Horrortrip über stoßdämpfermordende Geröllstrecken, durch bis zu 70 cm tiefe Flußfurten und teilweise mehrere hundert Meter breite Sanddünen in Pakistan, Afghanistan und Persien unsere Cholera-Impfung, gerade acht Wochen alt, nicht an und schickte uns in die fünftägige Quarantäne auf die persische Seite zurück. Nach 20 Stunden öffnete uns dann der Bericht in einer türkischen Zeitung über unsere Weltumrundung doch noch die Grenze auf der anderen Seite.

Nur zwei warme Mahlzeiten gönnten wir uns während der siebentägigen Fahrt von Karachi nach Köln (in Teheran und am Wörther See) – den Zeitverlust vor Flughäfen, Schiffverladeanlagen, Grenzen und den „Schlafställen" ganzer Herden von Amtsschimmeln konnten wir nicht aufholen. Drei Tage und neun Stunden waren wir zu spät am Ziel.

Doch wie notierte Joachim Springer so treffend in seinem Fahrtentagebuch angesichts des Durcheinanders von ausnahmslos farbigen Menschenleibern auf dem Unterdeck der Fähre zwischen Karachi und Bombay, die beide Teams benutzen mußten, weil kriegerischer Streit die Grenze zwischen Indien und Pakistan sperrte: „Ein bißchen beschämt sind wir jetzt doch, weil wir unser vergleichsweise winziges Mißgeschick gegenüber den Schicksalen dieser Menschen zu unseren Füßen für so wichtig hielten."

Wir hätten gerne Münchner getrunken. Das hat nicht sollen sein. So schmeckte uns mit den Siegern Dortmunder. Und wir gelobten uns Revanche.

Sie sind wieder da: Gruppenbild mit Damen und ein schwerverdienter Schluck aus der Pulle.

Wolfgang Schöller

Wie die Sechs im Lotto

Das 220 S Coupé: 3.000 km, 6.000 Mark

Am Tag meines 18. Geburtstags – am 23.2.1961 – wurde mir im Straßenverkehrsamt in Essen der Führerschein ausgehändigt. Die Führerschein-Prüfung hatte ich zwar schon einen Monat vorher bestanden, mußte aber mit der Fahrerlaubnis bis zu diesem Tag warten. In dem nachfolgenden Jahr verfügte ich über keinen eigenen Wagen, konnte aber täglich ab nachmittags und an den Wochenenden einen Ford 17 M benutzen, der von einem leitenden Angestellten der elterlichen Firma an den Werktagen für Dienstfahrten benutzt wurde.

Im Frühjahr 1962 erhielt ich dann mein erstes eigenes Automobil, ein traumhaftes Modell, zu dem es eine nette Geschichte gibt: Ein pensionierter Straßenbahner gewann 1959 mit sechs Richtigen im Lotto einen Riesen-Gewinn. Er machte danach, erst mit fast 70 Jahren, den Führerschein und kaufte sich einen „Mercedes-Benz 220 S Coupé" mit schwarzer Lackierung und cognac-farbiger Leder-Ausstattung – einer der Traumwagen der Nachkriegszeit mit einem Kaufpreis von damals über 20.000 Mark. Da der alte Herr sehr ängstlich war, fuhr er entsprechend wenig mit dem Wagen, in drei Jahren insgesamt nur rund 3.000 km. Eines Tages erfuhr ich durch Zufall, daß dieses Fahrzeug angeboten wurde, und zwar zu einem spottbilligen Preis von nur 6.000 Mark. Selbst konnte ich mir den Wagen mit meinen 19 Jahren finanziell noch nicht erlauben. Meine Mutter hatte ich dann aber schnell von diesem „Super-Schnäppchen" überzeugt, und schon wenige Tage später fuhr ich „mein erstes Auto". Natürlich wollte ich sofort wissen, welchen Wert dieser Wagen hatte. Ein Gebrauchtwagen-Händler, der an einem eventuellen Deal auch noch verdienen wollte, bot mir sofort 12.000 Mark. Doch ich wollte den Wagen selbst fahren, der mögliche Profit reizte mich überhaupt nicht.

Diesen Edel-Mercedes fuhr ich zwei Jahre und verkaufte ihn dann noch mit über 3.000 Mark Gewinn. Eigentlich hätte ich ihn nie verkaufen dürfen. Sollte ich heute ein absolut identisches Fahrzeug in einem Top-Zustand finden, würde ich es als Sammlerstück sofort erwerben.

Zur gleichen Zeit entdeckte ich meine Liebe zum Motorsport. Mit dem Fahrzeug nahm ich an zahlreichen Orientierungsfahrten und Rallyes teil.

An meine erste Orientierungsfahrt mit meinem ersten Mercedes-Benz über rund 500 Kilometer erinnere ich mich noch heute. Als „Greenhorn" hatte ich damals nicht daran gedacht, ein oder zwei größere Reservekanister mit Benzin mitzuführen. Mit dem letzten Tropfen Sprit erreichten wir in der Nacht gegen 2.00 Uhr in einem kleinen Ort gerade noch eine Tankstelle, die aber geschlossen war. Mein Beifahrer und ich haben dann den Tankstellenpächter, der im gleichen Haus wohnte, geweckt und versucht, daß er uns den dringend benötigten Treibstoff verkaufte. Unsere Bemühungen waren leider vergeblich – diese Rallye war dort für uns zu Ende. Wir mußten bis zum nächsten Morgen warten, tankten voll und fuhren – ohne Pokal, aber mit neuen Erfahrungen – nach Hause.

Autos und Motorsport sollten seit damals mein Leben bestimmen. 1968 kam mir die Idee zur Durchführung einer Sport- und Rennwagen-Ausstellung, die dann erstmals in den Essener Messehallen stattfand. Hieraus entwickelte sich zwei Jahre später die „Jochen-Rindt-Show", die zu Beginn der 70er Jahre in ganz Europa bekannt wurde. Heute trägt diese Ausstellung den Titel *Essen-*

Motor-Show, präsentiert in 18 Hallen rund 2.000 Neuwagen, Sportwagen, Rennwagen, Oldtimer und Motorräder und lockt in jedem Jahr 350.000 Besucher nach Essen.

Mit der Organisation dieser Messe werde ich fast täglich auch mit den Edel-Automobilen dieser Welt konfrontiert. Die wertvollsten automobilen Juwelen, die ich bisher nach Essen geholt habe, waren 1990 drei „Bugatti Royales", von denen nur sieben Wagen – alle mit unterschiedlichen Karosserien – gebaut wurden. Jeder dieser drei Wagen wurde mit rund 30 Millionen Mark versichert. Doch mein persönlicher Traumwagen ist und bleibt „mein erstes Auto", das von 1962.

Start zur ersten Rallye: Kilius, Bäumler und – hinterm Steuer ganz versunken – Wolfgang Schöller, Essen

„Kiss me", „Süsser" oder „Peterle" ... haben die Teenager mit (kußechtem) Lippenstift auf Peter Kraus' Sportwagen geschrieben –, doch die Botschaften sind kaum noch zu entfernen.

Curd Jürgens mit seiner vierten Frau Simone – der „normannische Kleiderschrank" schaut professionell garstig in die Kamera, während die Gattin nur Augen für den Empfangschef hat.

Erst tauft Theo Lingen – „beliebter Filmkünstler“ – sein neues Gefährt, um dann vom „Bayerischen Hof“ aus zur Jungfernfahrt aufzubrechen – München im August 1948.

Heute im „Haus der Geschichte": Altbundeskanzler Adenauers Dienstwagen – ein Mercedes 300

Heute in der Sittengeschichte der fünfziger Jahre: das Frankfurter Freudenmädchen Rosemarie Nitribitt

Maria Schell und Horst Hächler, Fahrt ins Blaue 1957

Nach Abschluß seiner Karriere als Fußballer machte Helmut Rahn in Essen-Altenessen einen Gebrauchtwagenhandel auf. Die fröhliche Maxime hieß damals: „Ein Autohändler sollte seine Kundschaft nicht überfahren ...“

Dear Mr. used car

You sell me used car.
I buy used car.
Car cost lot of money.
But car no car.
Car shit.
You say car very strong,
power motor.
Nix strong, nix power.
Only tucker, tucker.
Kruzifix! No pay money
für Schrott-car.
Frist drive, left door ab.
Nochmal drive, out-puff ab.
Car ist no car. Car is Traktor.
Next drive, Rad ab.
Blinker goes not, goes,
goes not, goes ...
Last drive, Lenkrad ab.
Fast Kopf ab.
Your car very dangerous,
say the police.
Only for people which
are life-tired.
You not send flowers
to the hospital.
You send money back.
I send car back.
Sonst Bart ab.

I have the honour.

Uwe Köster

Alle Trabifahrer kommen in den Himmel

Interview mit einem von vielen

Die Drehorgel führt er im Namen, sein Markenzeichen und inzwischen wichtigster Teil seines Lebensunterhalts ist jedoch der Trabi. Der 1947 geborene Hallenser Rolf Becker – besser bekannt als Dreh-Orgel-Rolf – war Pumpenschlosser, Reiseleiter, Filmvorführer, Buchverkäufer, Elektroschweißer, Kabarettist und vieles mehr; er verdiente sein Geld mit mehr als 30 Tätigkeiten. Wenn er „Lebenskünstler" genannt wird, gefällt ihm das; „selbst sollte man sich jedoch nicht so nennen", gibt er sich einmal ungewohnt bescheiden. Als ihn eine Zeitung „Trabi-Papst" nannte, schmeichelte ihm das sehr. Lockere Sprüche wie „Autos aus Pappe brauchen Fahrer aus Stahl" hat er zuhauf in petto. Nach der Wende wurde er mit spektakulären Aktionen populär: 1990 fuhr er mit dem Trabant quer durch Amerika nach Hollywood, zwei Jahre später unternahm er mit 60 Leuten eine Trabi-Rallye von Magdeburg nach Marrakesch. Mit dem Zweitakter ging es nach Djibouti und Ägypten; auch Paris – Dakar oder die Oldtimer-Rallye Mille Miglia (1000 Meilen) in Italien waren für ihn und seine stets mit Werbung bunt bepflasterten Trabis kein Problem. 22 verschiedene Zweitakter aus dem Hause Sachsenring besaß Dreh-Orgel-Rolf – bisher. Das neueste Modell, ein Ferrari-roter 601, ist von Colani signiert und wurde schon vom Präsidenten des Europa-Parlamentes gesteuert.

Rolf, kannst Du Dich noch an Deinen ersten Trabi erinnern?

Klar. Es war ein himmelblauer 500er, 1973 in Eisleben gekauft.

Ein Neuwagen damals?

Hätte ich mir nie leisten können. Es war ein gebrauchter, Baujahr 1961 und nicht synchronisiert. Sonst war er noch recht gut in Schuß. 3.500 Mark hat er gekostet – das war billig! Im Kaufvertrag standen freilich nur 1.000 Mark.

Hast Du ihn aufgepeppt, frisiert?

Das nicht, aber als erstes habe ich einen Liegesitz eingebaut.

Warum denn das?

Trabi mit Rauchsignal

Aus sexuellen Gründen, für meine Freundin. Ich war damals ein richtiger Hallodri, und im Auto macht Sex Spaß. Aber vor dem Vergnügen stand der Schweiß. Der Liegesitz enthielt zum Einbau ein Bauset. Da war eine Menge zu bohren und zu sägen, bis der Sitz endlich paßte.

War es der Fahrersitz oder Beifahrersitz?

Der Beifahrersitz. Am Fahrersitz stört doch das Lenkrad.

Gab es noch weitere Ein-, Aus- oder Umbauten?

Nee. Höchstens einen Kindersitz, für ein zweijähriges Kind. Der Einbau hat fast einen halben Tag gedauert. Und eigentlich war der Sitz kreuzgefährlich. Vorn spannten sich zwei Metallgurte um das Kind, bei einem starken Aufprall hätten die sich förmlich in den Körper geschnitten. Aber es gab ja keine anderen.

Trabis waren ja auch Nutzfahrzeuge. Wozu hast Du ihn denn so gebraucht?

Für alles Mögliche. Wir sind immer nach Mecklenburg in den Urlaub gefahren. Da haben die 20 PS immerhin ein Boot geschleppt. Aber schneller als 50 ist er da nie gefahren. Einmal habe ich ein Brautpaar zum Standesamt gebracht und aus Berlin eine komplette Küche geholt. In nur einer Tour!

Trabi mit Rettungsboot

Wie hat das denn funktioniert?

Mit Hänger und Dachgepäckträger. Als meine Bekannten in Berlin sahen, mit welchem Auto ich gekommen bin, sind sie in Ohnmacht gefallen. Aber wir haben alles reingekriegt. Es sah sehr abenteuerlich aus. Leider ist auf der Autobahn der Reifen vom Hänger geplatzt. Das war ein Problem, denn ich hatte kein Ersatzrad, und ein Reifen war auf normalem Weg unmöglich schnell zu bekommen. Meine Frau ist dann mit dem Auto allein weitergefahren und ich hab mit dem Hänger auf der Autobahn gewartet. Angehalten hat dann ein LKW vom Fleischkombinat Gera. Der hat den Hänger mit dem Rest der Küche aufgeladen und uns nach Halle mitgenommen.

Hat Dich der Trabi irgendwann mal im Stich gelassen?

Einmal habe ich den Motor festgefahren. Neue Motoren waren unmöglich zu kriegen. Bekannte in Stavenhagen konnten ihn aber reparieren. Da habe ich den defekten Motor mit der Bahn hingeschickt, in Bretter verpackt, mit der Aufschrift: „Vorsicht! 38 PS Rennmotor!" Ich hoffte, den klaut nun jemand und ich bekomme als Ersatz einen neuen. Hat aber nicht funktioniert. So mußte ich den reparierten wieder einbauen.

Die 500er hatten eine katastrophale Heizung ...

Stimmt. Wir hatten einen Katalytofen an Bord. Der hat nur schlecht funktioniert, weil es in der Karre immer so gezogen hat.

Und die Spritfrage?

Ja, ja, manche sind mit Waschbenzin gefahren. Ich habe bei den Russen (in Halle hatten die Sowjets einen Militärstützpunkt) Sprit geholt. 60 Pfennig hat der Liter gekostet. Was das genau war, weiß ich auch nicht, aber die Trabis sind ja mit fast allem gefahren.

Wann bist Du ihn wieder los geworden?

Ungefähr anderthalb Jahre später, in Leipzig. Zum gleichen Preis übrigens.

Du bist der Marke Trabant aber immer treu geblieben ...

Kann man sagen. Getreu der Devise: Trabi-Fahrer kommen alle in den Himmel. Sie hatten die Hölle schon auf Erden.

Hermann Beckfeld

VW im Frack

Uta, Bianca, Beate und die anderen

Es gibt Tage, da kannst du es vor lauter Glück kaum aushalten. Morgens hatte ich im zweiten Anlauf die Führerscheinprüfung bestanden – beim ersten Versuch war ich sehr zum Unwillen meines Fahrlehrers bei Rot über die Kreuzung gebraust. Mittags lieh meine Schwester mir ihren Käfer, und ich war froh, daß mein Lateinlehrer Schmidt, den wir wegen seiner Größe Turm nannten, sich und noch wichtiger meinen Führerschein mit einem waghalsigen Sprung auf den Bürgersteig rettete – ich hatte in der Aufregung Brems- und Kupplungspedal verwechselt. Abends dann – und das war das allergrößte – überließ mir Gerd, Monikas Freund, seinen Wagen.

„Morgen bekomme ich meinen neuen gebrauchten 1602, fahr du doch erst einmal meine Kiste."

Zwei Tage später machte Monika mit Gerd Schluß, was mich nicht weiter störte, denn aus der Leihgabe wurde stillschweigend ein Geschenk. Jedenfalls hat sich Gerd nie wieder blicken lassen. Und die Formalitäten klärten sich von selbst – auf dem Schrottplatz.

Aber erst einmal fuhr mein Wagen. Was heißt überhaupt Wagen? Es war mein absolutes Traumauto, ein Volkswagen im Frack, es war ein Karmann Ghia Cabriolet.

Nun gut, mein kleiner Sportwagen war nicht mehr ganz weiß, eher schon angerostet grau und etwas verbeult. Auch waren mit dem Lack das abwaschbare Kunstleder in den Seitenfassungen und die Sesselpolster gealtert, zudem die Wulste an Sitzen und Lehnen verschlissen, und die Brandlöcher ließen keinen Zweifel: Gerd war Kettenraucher. Die Decke von Omas Ohrensessel, die noch ein bißchen nach Waldi roch, konnte dies nur mangelhaft verdecken.

Mein „Schiiia" war nur noch ein Cabrio, weil das Faltverdeck sich für immer eingefaltet hatte. Aber dies ließ mich zumindest nach außen hin kalt, denn erstens war es Sommer, und zweitens arbeitete die serienmäßige Heizung auch bei 30 Grad im Winterbetrieb. Ungehindert konnte die Warmluft vom Motor durch fünf Düsen mich und meine wechselnden Beifahrerinnen ins Schwitzen bringen. Die Regulierhebel waren abgebrochen.

Der rechte Blinker funktionierte. Fürs Linksabbiegen – auch ein Cabrio-Vorteil – hielt ich lässig den Arm raus. Daß die linke Tür klemmte und ich in den Wagen springen mußte, paßte ebenfalls bestens zur sportlichen Note meines Spar-Porsches. Die rechte Tür sprang in jeder zweiten Kurve auf, bis ich sie mit einem roten Klebeband für alle Zeiten schloß. Ein größeres Problem war es da schon, daß sich die Nadel auf der Tankuhr für den Rest des Karmann-Lebens entschieden hatte, sich auf Viertelvoll einzupendeln. Dafür leuchtete die elektrische Benzinstands-Kontrolle rund um die Uhr. Einen schnöden, stets stinkenden Kanister im Gepäckraum mitzuführen, hielt ich angesichts meiner noblen Karosse für unschick – und eigentlich auch für nicht finanzierbar. Für eine Nachhilfestunde beim Sohn meines Zahnarztes, der dann doch hängenblieb, verdiente ich gerade mal 7,50 Mark.

Ein Auto, noch dazu so ein Flitzer mit Spitze 115, verändert das Leben eines Oberprimaners total. Den frisch erworbenen Führerschein darf man nur auf Wunsch aus der Gesäßtasche hervorzerren, ein Karmann Ghia ist was zum Vorzeigen. Den muß man einfach bewundern. Und in seinem Glanz durfte ich mich sonnen.

Ich mußte auf dem Weg zur Schule nur schneller sein als Klaus (Opel Kadett) und Norbert („Ente"), die wohl

Ein Auto wie aus dem Bilderbuch: der Karmann Ghia

ebenfalls ein Auge auf die blonde Uta aus der 11a geworfen hatten. Uta kam mit dem Bus aus Oberhausen-Lirich und stieg an der Horster Straße aus. Da war es selbstverständlich, daß ich meinen Ghia elegant in die Haltebucht steuerte und Uta das letzte Stück mitnahm – wenn es auch nur noch knapp 100 Meter waren. Dort warteten schon die Mitschüler und freuten sich auf den Auftritt Utas, die im Minirock über die Tür kletterte.

Mit Uta ist es dann nichts geworden, dafür fuhr ich mit Bianca, Annegret und Beate dorthin, wo wir zuvor mit

QL 3049

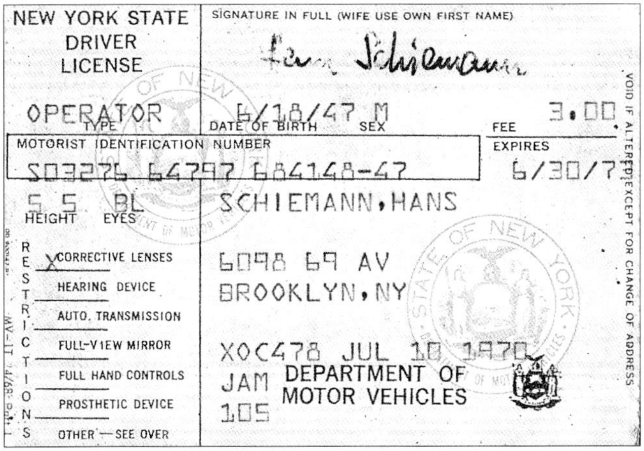
NEW YORK STATE DRIVER LICENSE

SIGNATURE IN FULL (WIFE USE OWN FIRST NAME)

OPERATOR TYPE | 6/18/47 DATE OF BIRTH | M SEX | FEE 3.00

MOTORIST IDENTIFICATION NUMBER S03276 64797 684148-47 | EXPIRES 6/30/73

5 5 HEIGHT | BL EYES | SCHIEMANN, HANS

RESTRICTIONS: X CORRECTIVE LENSES; HEARING DEVICE; AUTO. TRANSMISSION; FULL-VIEW MIRROR; FULL HAND CONTROLS; PROSTHETIC DEVICE; OTHER — SEE OVER

6098 69 AV
BROOKLYN, NY

X0C478 JUL 10 1970
JAM
105
DEPARTMENT OF MOTOR VEHICLES

VOID IF ALTERED EXCEPT FOR CHANGE OF ADDRESS

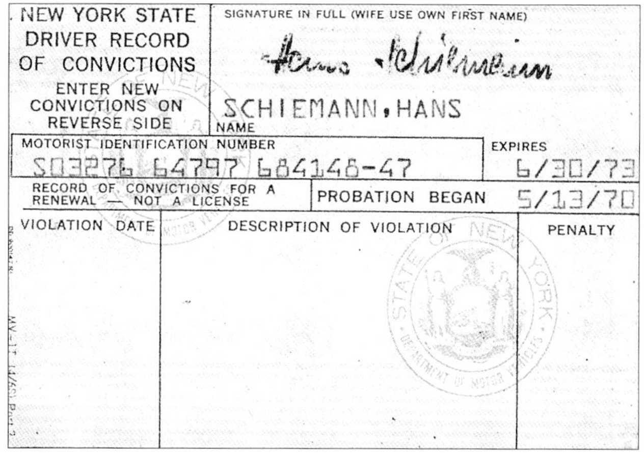
NEW YORK STATE DRIVER RECORD OF CONVICTIONS

ENTER NEW CONVICTIONS ON REVERSE SIDE

SIGNATURE IN FULL (WIFE USE OWN FIRST NAME)

SCHIEMANN, HANS
NAME

MOTORIST IDENTIFICATION NUMBER S03276 64797 684146-47 | EXPIRES 6/30/73

RECORD OF CONVICTIONS FOR RENEWAL — NOT A LICENSE | PROBATION BEGAN 5/13/70

VIOLATION DATE	DESCRIPTION OF VIOLATION	PENALTY

Fast geschenkt: drei Dollar für den Führerschein – 150 für den Chevy (links)

send der Werkstattmann, was meinen Stolz und Trotz nur beförderte.

Wenigstens bei der Parkplatzsuche hatte ich Glück: Mit einer NYP-Nummer für Leute der New York Press ausgestattet, durfte ich vor Behördenhäusern in besonderen Zonen parken. Und zu Hause? Drei-, viermal um den Block, eine Lücke erspäht mit jeweils wundervollen zwanzig Zentimetern Platz an den Stoßstangen, das steile, elfenbeinfarbige Lenkrad mit jugendlicher Muskelkraft herumgedreht – und schon war ich drin. Da hielten es mein „Blue Bomber" und ich indes nicht lange aus. Bis hinunter in die Tabakfelder von Virginia sind wir gezogen und wieder hinauf, am Weißen Haus vorbei, zum Schlund der Niagarafälle.

CW-Wert? Benzinverbrauch und Pferdestärken? Um solche Fragen hat sich das Amerika der Siebziger einen Straßendreck gekümmert. Und selbst heute wäre ein Oldie erhaben über alle Umweltfragen.

Dann war mein Reporter-Jahr vorbei. Den Chevy nach Germany verschiffen? Viel zu teuer. Da stand er in der Gosse, der Sechszylinder, und wir mußten Abschied nehmen. Irgendwie. „Einfach so abstellen, das geht nicht", sagte der Streifenpolizist, „but don't put him in the junk!" Sein guter Rat gab der Situation einen überraschenden Ausweg. Er streckte die Hand aus: Gut werde er zu meinem Prachtstück sein, versprach er und tauschte seine Dollar gegen meine Zündschlüssel und Papiere.

Einmal habe ich genau so einen blauen Chevy wiedergesehen. Aber er kann es nicht gewesen sein: Es war in einem Gangsterfilm.

Als Straßenbau noch Handarbeit war

Der Auto-Akrobat Joe Canga, Mitte der 60er Jahre

Bilder S. 108 bis 111: Fotografiert von Davide Bentivoglio in Witten an der Ruhr

Verspielte Straßen: die autofreien Sonntage von 1973

Die Polizei, dein Freund und Lehrer: frühe Verkehrserziehung auf dem Schulhof

Großer Bahnhof an der A 43: So wurden Straßen eingeweiht

Wenn dem Käfer das Wasser bis zum Hals steht: Hochwasser an der Ruhr, 1965

Schiebung

Hier ist ein Bild von meinem ersten Auto. Ich und ein Freund machen gerade eine typische Handbewegung: Wir schieben den Wagen. Gekauft habe ich ihn 1959. Ich war als Jungredakteur angestellt worden und verdiente stolze 483 Mark im Monat. Der Käfer war zehn Jahre alt, schwarz wie ein Cadillac und glänzte wie eine Speckschwarte. Ich mußte ihn haben. Er kostete 1.900 Mark. Ich zahlte 600 Mark an, unterschrieb drei Wechsel und fuhr los. Mein erstes Auto. Nach einer Woche versagte der Anlasser seinen Dienst. Dann mußte das Zündschloß ausgewechselt werden. Dann ein Seitenfenster, der Verteiler, das Gebläse und beide Heizklappen. Beim zügigen Durchfahren einer Bodenrinne brachen mit einem lauten Knall beide hinteren Drehstabfedern durch, und der Wagen schrammte, modisch tiefergelegt, funkensprühend über den Asphalt. Die Reparatur ruinierte den Besitzer endgültig, und nur mit Hilfe des alten Herrn konnte verhindert werden, daß der fällige Wechsel platzte. Die Bedingung: Das erste Auto muß wieder weg. Es brachte nur 1.400 Mark. Dabei glänzte es doch immer noch so schön. *Manfred Caroselli*

Jutta Aurahs

Erst mein Fünfter war ein Kerl

„Tomate“ und die anderen

Ein Käfer ist kein Auto. Es ist eine Lebenseinstellung. Einen Käfer zu fahren setzt eine gewisse Spontaneität und die Bereitschaft zum Abenteuer voraus. Wer das nicht glaubt, stelle sich bitte folgende Situation vor: Sie kommen an Sylvester gegen 23 Uhr nach einer wirklich grandiosen Aufführung der „Fledermaus“ beschwingt aus der Oper – und stellen fest, daß über München ein Blizzard tobt. Es sind bereits gut 15 cm Neuschnee gefallen, es schneit, daß man kaum 50 m weit sehen kann, das Thermometer zeigt minus 15 Grad Celsius an, und Sie haben bis zum Stadtrand eine Fahrt von mindestens 40 Minuten vor sich. Als Käfer-Fahrer sind Sie bereits an der Operngarderobe in warme Pelzstiefel, dicken Mantel und Handschuhe geschlüpft. Man weiß schließlich, wie lange die Heizung eines „Herbies“ braucht, bis sie im Winter auf Touren kommt. Die ersten Kilometer sind grundsätzlich „Blindflug“, weil die Scheiben nicht nur von außen zufrieren, sondern durch die Atemluft der Insassen auch von innen.

In jener denkwürdigen Sylvester-Nacht saßen wir zu dritt im Auto. Schon an der ersten Ampel war aus unserer Atemluft ein Schleier aus Eiskristallen auf allen Scheiben entstanden. An der dritten Ampel war die Eisschicht bereits so dick, daß ich sie mit dem Handschuh nicht mehr wegwischen konnte. Ein Eisschaber war nicht zur Hand. Zum Glück gibt es an den Ausfallstraßen aller Großstädte in regelmäßigen Abständen Tankstellen. Doch in jener Nacht waren überall die Eisschaber ausverkauft. Ebenso jede Art von Enteiser-Sprays.

In unserer Verzweiflung erstanden wir schließlich eine Flasche Wodka, den hochprozentigsten Alkohol, den wir kriegen konnten, zur Eisbekämpfung. Den ganzen langen Rest der Fahrt kippte meine Beifahrerin laufend Wodka auf ihr Spitzentaschentuch, um mir wenigstens ein Mini-Guckloch über dem Lenkrad freizureiben. Und in den Pausen dachte sie laut darüber nach, was wohl passiert, falls wir in eine Verkehrskontrolle geraten und ein Polizist die Schnapsfahne meiner „Tomate“ riecht ...

„Tomate“ war mein erstes Auto überhaupt, ein schon etwas bejahrter, dunkelroter Käfer, für den ich ein ganzes Monatsgehalt hinlegen mußte. Für mich damals eine horrende Summe, aber ich habe es nicht bereut. Wie alle Autos, die nach ihr kamen, hat „Tomate“ mich nie im Stich gelassen. Egal, in welchem Gelände, unter welchen Bedingungen wir unterwegs waren. Wir verstanden uns irgendwie. Als technischer Idiot habe ich meinen Autos zugehört und sie beobachtet, wie ein neues Haustier, das man dann langsam immer besser kennenlernt. So war ich trotz aller Unkenntnis fast immer in der Werkstatt, bevor ein echtes Problem entstand. (Meine Diagnosen haben mir allerdings lange Zeit so manches mitleidige Lächeln der Kfz-Mechaniker eingebracht.)

Ab und zu rede ich auch mit meinem Auto. Nach anstrengenden Fahrten oder brenzligen Situationen gibt es ein aufmunterndes Klopfen auf dem Armaturenbrett, gleich über dem Radio: „Gut gemacht!“ Am häufigsten hat das wohl „Laubfrosch“ gehört, mein zweiter Käfer. Mit ihm lernte meine Schwester autofahren. Und ein US-Bürger wird diesen maigrünen Käfer wohl auch in bleibender Erinnerung behalten. Der arme Mann hatte das Pech, uns mit seinem Auto entgegenzukommen, als meine Schwester ausgesprochen schlechte Laune hatte. Wir trafen auf einer Behelfsbrücke über die Isar aufeinander. Diese Brücke war nur einspurig und der Ami schon fast in der Mitte, als meine Schwester Gas gab. Der andere Fahrer schien für einen Moment zu überlegen, ob er nicht besser mitsamt seinem Auto von der Brücke springen sollte. Das Lenkrad mit beiden Händen umklammernd, das Gesicht weiß vor Schreck und mit weit aufgerissenen Augen starrte er uns entgegen. Dann waren wir auch schon aneinander vorbei. Ohne einen Kratzer, aber auch nur um Haaresbreite.

Mit meinem ersten Atemzug danach brüllte ich meine Schwester an: „Judith, das ist mein Auto!"

„Und ich fahre, also halt den Mund!" fauchte sie zurück.

Nach „Orange", Käfer Nr. 3, kam „Schneeweißchen", der erste Golf, und schließlich „Grauchen", der erste Neuwagen meines Lebens. Während der ersten 30.000 km habe ich ihm mehrfach mit dem Verkauf oder Schlimmerem gedroht oder nur noch gestöhnt: „Dieses Auto ist ein Kerl!" Die vorher so selbstverständliche nonverbale Kommunikation zwischen mir, dem Menschen, und diesem angeblich seelenlosen Haufen Blech und Technik funktionierte nicht mehr. Der Graue reagierte völlig anders als seine „Vorgängerinnen". Das ging soweit, daß wir uns regelrechte Machtkämpfe lieferten: Ich erwartete von der Technik, daß sie nach meinem Willen funktionierte, und das Auto hustete mir was. Inzwischen sind wir bei 138.000 gemeinsamen Kilometern und ein eingespieltes Team. Bloß wenn ich Mist baue – wie z.B. den Wagen über Nacht mit Licht stehen lasse –, dann höre ich von meinem Golf nur einen kurzen Husterer vor der großen Stille.

Hanns-Peter von Thyssen

Mausi mit Familienanschluß

Und in der Garage schlug die Kuckucksuhr

So böse wie der Motorjournalist Fritz B. Busch („Unser Auto ist heute der Ring, den sich der Kaffer früher durch die Nase zog") war der „Spiegel" nicht. Mitte der 50er Jahre hatte das Nachrichtenmagazin bei den Bundesbürgern eines klar erkannt; daß sie nämlich „in der Kfz-Anschaffung ihrem Auto mit ziemlich der gleichen Mentalität gegenüberstehen wie ihrem Wellensittich".

Wenn auch das Geld in der Haushaltskasse knapp war: Fürs Auto – und sei es auch noch so klein – nahm man so manches auf sich. War es einmal im Haus, wurde es umhegt und gepflegt wie ein Familienmitglied. Kein Wunder, daß so manches Kleinstauto „Bubi", „Mausi" oder „Puppi" getauft wurde. Der Kleinschnittger F 125 wurde gerne „Radieschen", „Chaussee-Hüpfer", „Autobahn-Fliege" oder „Teddy" genannt. Und Paul Kleinschnittger erhielt zu Weihnachten sogar Gedichte. Wie etwa dieses:

Wer unser Mäusle hat erdacht,
dem sei zu Christfest Dank gesagt,
für alles Glück und alle Freud,
die uns der kleine Schnittger deut ..."

Das Fuldamobil N-1 hatte wegen seiner silbrig glänzenden Aluminiumhaut den Kosenamen „Silberfloh", der in Berlin gebaute Econom-Kleinstwagen wurde als „Wanze" bekannt. Die niedlichen Kosenamen führten sogar dazu, daß die Erbauer gleich nach solchen Namen als Verkaufsargument fragten. Berühmtes Beispiel: Der Landmaschinen- und Kleinstwagenfabrikant Hans Glas suchte dringend nach einem Namen für seine Schöpfung. Den fand er, als sein Dienstmädchen Anja mit seinem Enkel spielte und ihn immer „Goggo" nannte, dem Kosenamen für das bayerische Wort „Gockerl" (= Hahn). Der Konstrukteur Egon Brütsch fand für sein Kunststoff-Dreirad den Namen „Spatz", unter dem das Auto als Vierrad auch in Serie ging.

Das Auto als Familienmitglied mußte natürlich auch optisch etwas Heimeliges hermachen: am Armaturenbrett die kleine Porzellanvase mit der Blume – täglich frisch oder aus früher Plastik. Das Kissen auf der Rücksitzbank, die Abziehbilder von fernen Ländern an den Fenstern, zusätzliche Chromleisten, für dringende Fälle sogar die Klopapierrolle unter Mamas selbstgehäkeltem Häubchen auf der Hutablage unter dem Rückfenster – der Gipfel der Gemütlichkeit.

Erst Ende der 50er Jahre wuchs das Auto aus der Rolle des behüteten Babys in die des Gebrauchsgegenstandes, was in kritischeren und eher spöttischen Namen Ausdruck fand. Der wegen seiner Kunststoff-Holz-Karosserie verspottete Lloyd hieß nun „Leukoplast-Bomber", der Messerschmitt-Kabinenroller wurde wegen seiner Plexiglashaube als „Schneewittchensarg" belächelt und die Insassen als „Menschen in Aspik" angesehen. Die Isetta hieß ihrer runden Form wegen „Knutschkugel". Und nur das Goggomobil als Verkleinerung richtiger Autos hatte keinen Beinamen; „Hans Glas", schrieb der Spiegel, „ahnte wohl, daß für diese Branche ‚Goggo' einen gewissen phonetischen Sex-Appeal hatte ..."

Der „Spatz" hingegen hieß wegen seiner Kunststoff-Karosserie, die er gemeinsam mit dem amerikanischen Sportwagen Chevrolet Corvette trug, unter Kennern hochachtungsvoll „Achtel-Corvette", und der als Prototyp gebaute größere Kleinschnittger wurde als Anspielung auf den eleganten amerikanischen Ford Fairlane kurzum „Schrumpf-Fairlane" genannt. Auch NSU machte sich bei seinem Einstieg vom Motorrad- ins Autogeschäft den deutschen Hang zu verkitschten Namen zu eigen; „Prinz" sollte Glanz und Gloria ausstrahlen – „Fahre Prinz und Du bist König" versprach nicht ungeschickt die Werbung.

Durch wachsenden Wohlstand stiegen die Deutschen vom Kleinst- und Kleinwagen alsbald um – zum Beispiel auf den VW Käfer. Damit war das Auto endgültig zum Gebrauchsartikel geworden. Zwar trug die Sportversion des BMW 700 noch den Spitznamen „Arbeiter-Porsche", doch die Zeit der Verniedlichung war vorüber. Und nur in den seltensten Fällen schmückten noch Gardinen das Garagenfenster, lagen auf dem Garagenboden Teppiche, hing an der Garagenwand die Kuckucksuhr, war die Garage das heimliche Wohnzimmer überhaupt.

Eigentlich schade.

Jürgen Hanefeld

Wir haben sie geliebt!
Abschied von der „Grünen Lu"

Wir haben sie geliebt, die „grüne Lu". Besonders an jenem lauen Sommerabend, als wir mit ihr das Ende eines Staus bildeten. Da kommt einer von hinten und guckt nicht und bremst nicht. Das war das traurige Ende der „grünen Lu". Schon damals ein betagtes Exemplar der Gattung Renault 4, aber immerhin unser erstes Auto.

Unvergessen der Anblick des rauchenden Blechhaufens: Die Kotflügel abgespreizt wie die Schwingen einer lahmenden Krähe; die runden Kulleraugen, aus ihren Höhlen gefallen, baumelten hilflos an den Kabeln. Wie gut, daß es kein schwerer Aufprall war, Knautschzonen waren dem Simpel-Auto fremd.

Dafür hatte es von Anfang an, also seit 1961, vier Türen und eine riesige Heckklappe; und wenn die Rückbank umgeklappt war, paßte ein ganzer Kühlschrank rein. Ach ja: Wieviele Umzüge, wieviele Urlaubsfahrten hat dieses Auto mitgemacht. Mit kompletter Campingausrüstung nach Jugoslawien, Spanien, Schottland – und was haben wir da gelernt! Das Wörtchen „drive-shaft" zum Beispiel, englisch für Antriebswelle, die etwa alle 20.000 km nach heftigem Knackern ihren Geist aufgab. Oder „plug", die Zündkerze, die mitten auf der vornehmen Strandpromenade Brightons aus dem Zylinderkopf schoß. Tief besorgt überließen wir das Gefährt einer südenglischen Dorf-Werkstatt. Deren Mechaniker umkreiste unsere Lu zweimal sinnend, bevor ihm beim Anblick des Schriftzugs auf der Heckklappe endlich ein Licht aufging: „Oh, it's a ‚Rennou'", waren seine Worte. Bis dahin hatte er ein Fahrzeug dieses Typs noch nie gesehen.

Kein Zweifel, wir haben sie geliebt, die „grüne Lu". Auch wenn das einstmals als revolutionär gepriesene, angeblich wartungsfreie Kühlsystem alle naselang mit Wasser versorgt werden mußte. Millionen R4-Fahrer wissen, was ein Ausgleichsbehälter ist. Sie können auch eine Krückstock-Schaltung bedienen und mit Zwischengas fahren, Kulturtechniken, die der moderne Autofahrer allenfalls vom Hörensagen kennt. Und wenn gar nichts mehr ging, dann wurde angekurbelt, ganz so wie anno dunnemals.

Wir haben sie geliebt, die „grüne Lu", wenn sie uns alljährlich nach dem ersten Schneefall auf ihren spindeldürren Beinscheibchen bergan zog, während die heckgetriebenen Bonzenkutschen in den Graben rutschten. Genugtuung fühlten wir da den sonst ewig drängelnden Mercedes-Fahrern gegenüber, die uns bei jedem weißgott mühseligen Überholmanöver das Fürchten lehrten.

Ja, wir haben sie geliebt, die „grüne Lu", und als sie die 100.000-km-Marke überschritten hatte, da klopfte ihr meine Frau vor lauter Dank und Anerkennung auf die Schulter. Die Schulter, jawohl! Heutige Autos, allesamt rundgelutschte Geschöpfe des Windkanals, haben sowas gar nicht mehr. Keine Form, keine Schiebefenster und keinen Charakter.

Wir werden dich nicht vergessen, „grüne Lu", dich nicht und auch nicht deine in 31 Jahren fabrizierten 8.135.423 Schwestern. Alles in allem seid ihr nicht nur das meistgebaute französische Auto, ihr seid auch das französischste: Im gelben R4 der Postbote, im roten die Feuerwehr, im blauen die Polizei, im weißen entweder der Baguette-Bäcker oder vier Ordensschwestern – und im grünen wir. Bis unsere Lu an jenem lauen Sommerabend plötzlich in Trümmern lag. Ihr rostzerfressenes Kleid hing in Fetzen, ihr Herz aber, ihr vierzylindriges, schlug unverdrossen weiter. Ich hör' es heute noch.

Warum das Auto „Lu“ hieß, ergibt sich aus dem Kennzeichen: FH – LU 278

Hermann Beckfeld

Tanken bei Hubert

Sieben Tage die Woche, 360 Tage im Jahr

In meinem Kinderzimmer stand eine Tankstelle, die so aussah wie das Reich von Hubert Steinhaus. Eine Tankstelle mit gelb-grünen Zapfsäulen unter einem kleinen Dach und mit einem Tankwart, der auf die Leiter kletterte, um die Benzinpreise zu ändern. Mit einem halbrunden, kleinen „Auto-Shop" und der Cola- und Eiswerbung an der Fensterscheibe. Und mit der roten Hebebühne auf dem Hof neben den alten Reifen und Kanistern.

Hubert Steinhaus' SB-Tankstelle ist schön, nostalgisch schön, weil sie so aussieht, wie Tankstellen vor Jahrzehnten auszusehen hatten – und sie nicht so aussieht wie die heutigen supermodernen, klimatisierten und 24 Stunden geöffneten Supermärkte mit Tankmöglichkeit. Hubert Steinhaus hat die Konkurrenz im Auge, wenn er kassiert und wie gewöhnlich die Tür seines „Auto-Shops" offensteht.

Im September 1963 eröffnete der Bottroper seine Tankstelle an der Ecke Hans-Sachs-Straße/Lützowstraße. Seitdem hat sich hier wenig geändert. Die rollende Werkzeugkiste steht immer noch links von der Eingangstür, an der Wand über der uralten Kasse baumelt das Sortiment Keilriemen, und neben der Cola-Kühltruhe wirbt Osram für Autolampen, die bestimmt nicht mehr hergestellt werden.

Hubert Steinhaus muß noch auf die Leiter steigen und die Zahlen auswechseln, wenn das Benzin teurer oder billiger wird – die Kollegen von Esso gegenüber machen dies vom Schreibtisch aus. Wenn jemand nicht selbst tanken möchte, kostet der Liter Benzin drei Pfennig mehr – so jedenfalls steht es auf den Zapfsäulen, die wirklich noch Zapfsäulen sind und keine Automaten mit einer Batterie von Pistolen.

Mit der SB-Tankstelle sind auch sein Besitzer und die Stammkunden in die Jahre gekommen. Der 65jährige kennt sie alle: Frau Berghof, die momentan nicht kommt, weil sie im Krankenhaus liegt; Dr. Sachsenweger, Huberts ehemaliger Lateinlehrer und schon weit über 80; den freundlichen Studenten Kai, dessen Großvater schon bei Steinhaus tankte; Rentner Karl, der hier seine Zigaretten kauft und immer Zeit für einen Plausch hat; die Jugendlichen der Berufsschule, die sich in der Pause Eis und Süßigkeiten besorgen.

Seine Stammkunden wissen natürlich, daß sie nach dem Tanken den Beleg aus dem Schacht der Zapfsäule fischen müssen. Die wenigen Fremden, meist Durchreisende auf dem Weg zur nahen A 2, schauen verdutzt, daß der Computer nicht die Rechnung elektronisch einspielt und Hubert Steinhaus, bis auf die IC-Card, keine Kreditkarten akzeptiert. Stammkunden zahlen bar oder lassen auf der Karteikarte anschreiben. Man kennt sich ja.

1954 war es, als Junggeselle Hubert bei einer ARAL-Tankstelle in Herne Arbeit fand. Für 200 Mark Monatslohn, Kost und Logis frei. Das erste, was der junge Mann lernte, war das Fünf-Punkte-Programm, ein Muß für jeden Tankwart in blauer Montur: Volltanken per Hand, Öl nachsehen, Batterien checken, Luft, Keilriemen und Kühlwasserstand überprüfen sowie die Scheiben abwaschen, aber gefälligst rundherum.

„Wir hatten damals mal gerade zwei Batterien auf Kommission, dazu einige Zündkerzen und Keilriemen", erinnert er sich. „Als wir später ein Sortiment Sonnenbrillen aufstellten, maulte der ARAL-Bezirksleiter uns an. Wir wären eine Tankstelle und keine Trinkhalle."

SELBST TANKEN billiger
auto-shop
SUPER-
bleifrei
SUPER
SUPER
SUPER bleifrei
BENZIN

Erinnerungen an die Nachkriegszeit. An die vielen tollen Autos, die vorfuhren. Opel Olympia, Ford Eifel, BMW Isetta, der Mercedes 170 V und natürlich der Käfer. An die schnittigen Motorräder. Adler, Zündapp, Triumph und Tornax, BMW, Quickly, Fox und Maico.

Erinnerungen an die Arbeiten, die damals noch gemacht werden mußten: Ölwechsel nach 2.000 km, abschmieren, Zündkerzen wechseln, die Räder von vorn hinten montieren und umgekehrt, Wagen waschen für 2,50 Mark, als sie in Hamburg dafür schon 6,50 Mark verlangten. Und den Sprit im Verhältnis 1:25 mischen. Ein Liter Öl, 25 Liter Benzin, aus der Kanne gepumpt. Zapfsäulen gab es noch nicht.

1963 machten sich Hubert und Bruder Willi in Bottrop selbständig. Lockten mit Benzin für 57 Pfennig die Kundschaft – 5 Pfennig billiger als die Konkurrenz – und mußten sich den Vorwurf gefallen lassen, an ihrer Freien Tankstelle minderwertigen Sprit zu verkaufen. „Es ist wie bei Aldi. Die verkaufen die gleichen Produkte wie andere, nur anders verpackt."

Willi und Hubert. Wortkarg, verschlossen. Aber immer hilfsbereit und zuverlässig. Kfz-Mechaniker der alten Schule. Früher Anlaufstation für alle, die viel Zeit, aber weniger Geld hatten. Studenten, Rentner, ältere Frauen. Und immer der gleiche Spruch: „Herr Steinhaus, könnten Sie mir wohl helfen. Ich hab' da ein Problem." Und die Brüder haben geholfen. Eingerostete Tankdeckel aufgeschraubt, Auspuffrohre angeschweißt, Kühlwasserschläuche ausgewechselt und Autos über den TÜV gebracht.

1984 starb Willi, und Bruder Hubert mußte fortan die Arbeit allein bewältigen. Von morgens um acht steht er hinter der Kasse und hat erst Feierabend, wenn er irgendwann nach neun mit Ehefrau Ursula Kasse gemacht hat. Sieben Tage in der Woche, 360 Tage im Jahr. Nur an Weihnachten und anderen großen Feiertagen blieben die Zapfsäulen verschlossen.

Der Fortschritt, die Elektronik in den Autos, hat ihm viel Arbeit genommen. Öl wird nur noch nach 15.000 km gewechselt und meist in den Partnerbetrieben der Autohersteller, die Leute fahren lieber in die Waschstraße, und in den Reifen sind längst keine Schläuche mehr, die Hubert Steinhaus austauschen könnte. Seiner SB-Tankstelle gibt er keine Zukunft. Bis 1997 müssen alle Tankstellen eine Fahrbahnversiegelung vorweisen. Diese Investition, so Hubert Steinhaus, werde sich für seine kleine Tankstelle wohl kaum lohnen. Das wäre das Aus für seine grün-gelben Zapfsäulen unter dem kleinen Dach, den halbrunden, kleinen „Auto-Shop" mit der Cola- und Eiswerbung an den Fensterscheiben. Und die rote Hebebühne auf dem Hof neben den alten Reifen und Kanistern.

Die Säule vom Ganzen heißt Hubert Steinhaus, der Multi an der Ecke

Franz-Josef Oller

C-Dur bis San Fernando

Vom Lloyd und von Liedern aus der Skiffle-Zeit

Es war ein Sumpf, es waren menschliche Abgründe, von denen wir sangen, aber wer hörte schon auf uns und auf den Text. Es ging um Goldgräber, Henker und Gehenkte, um Vagabunden, Outlaws, Säufer, Tramper, Spieler und Falschspieler, alles in C-Dur. Und um Lokführer. Denn in unseren schönsten Liedern spielte die Eisenbahn die Hauptrolle: Johnny Duncans Lied vom „Last Train to San Fernando" hatten wir ganz vorne im Repertoire, wenn auch ohne das sensationelle Gitarren-Solo. Den eher himmlischen „Gospel Train", den Song vom „Railroad Bill", dem arbeitslosen Drückeberger und Schwarzfahrer. Den „Midnight Special", der jede Nacht an ihrem Gefängnis vorbeifuhr und zum Symbol der Freiheit wurde für die im State Prison in Houston, Texas. Die „900 Miles from home", der gellende Ruf der Lokomotivpfeife: „I hate to hear the lonesome whistle blow ..." Und den schönen „Freight Train", den Güterzug als Metapher für das Leben und wie es mit jedem von uns so schnell davonbraust, sangen damals nur Abi und Esther Ofarim ergreifender als wir – und umsatzträchtiger. Eingangs- und Erkennungsmelodie – und Zugabe – waren die „Happy Days are here again ..." Altes, bewährtes Skiffle-Prinzip: zwei schnelle Songs, ein langsamer. Zweimal „hotten", einmal Blues mit Anfassen. Das war unsere Band-Breite; Klassiker wie Mozart oder Beethoven hatten ja leider nichts Konzertantes für Waschbrett oder Banjo hinterlassen.

Skiffle, die „musikalische Volksseuche der 60er Jahre", wie die cello- oder geigekundigen Hausmusik-Streber auf dem Gymnasium neidisch formulierten, hatte im Herbst 1963 auch einen Stadtteil von Gelsenkirchen erreicht, der sich Horst nannte. Die „footstompers skiffle group" formierte sich: Wolfgang „Amadeus" Schindel, banjo. Herbert „Päule" Schätzel, guitar. Kläuschen Schröer, guitar. Hermann „Stegemann" Hegemann, skiffle bass. Franz-Josef „Boy" Oller, washboard und bandleader – einer mußte es ja sein. Im Lexikon standen wir auch schon, zwischen der polnischen Kreisstadt Skierniewice und Skifliegen, wenn auch für unseren Geschmack eher lieblos: „Skiffle – Bez. für eine aus der afroamerikan. Musik abgeleitete Musik, die heute v.a. in Großbritannien und in der BRD auf primitiven Instrumenten (Waschbrett, Teekistenbaß usw.) gespielt wird." Und fern in Liverpool hatten wie die footstompers in Horst – und weitgehend ahnungslos voneinander – auch die „Quarrymen" geskiffelt, Mitglieder unter anderem: John Lennon, Paul McCartney und George Harrison.

Über ihre favorisierten Songs, über ihre Mobilität ist nichts überliefert. Wir fuhren mit der Straßenbahn. Früher Samstagabend: Termine. Mit der 23 ging es nach Gladbeck, mit der 1 in Richtung Altenessen oder in umgekehrter Richtung nach Buer. Gitarren ausgepackt und, unauffällig lauter werdend, warmspielen auf dem Perron, und entweder klatschten die Leute oder der Schaffner hatte was dagegen. Oder beides.

Alsbald wurden wir unabhängig: Vater O., selbst noch für Jahre ohne Führerschein, spendierte einen 400er Lloyd Kombi, grau wie zehn Mäuse, aus dritter Hand für 200 Mark erstanden und vornehmlich für Oma O. gedacht, die damit mindestens einmal die Woche – im Sommer öfter – zum Friedhof gefahren werden sollte,

Tom Redecker

„Riding alone in my automobile"

Die Hitparade aus dem Autoradio

Auto und Musik – eine geradezu schicksalhafte Beziehung. Sicher, auch die übrigen Fortbewegungsmittel, die dem Menschen von jeher zur Verfügung stehen, haben Geschichten zu erzählen, die mit Musik zu tun haben. Ob Kutsche, Pferde oder Hundeschlitten, irgendwo und irgendwie taucht da auch Musik auf. In den Fernsehschinken, im Western oder Abenteuerfilm: Es wird gesungen und getanzt. Mit den UFA-Chören im Hintergrund, wahlweise mit denen aus Hollywood, ergeben sich Stimmungsbilder, die uns nach wie vor bezaubern und gefangennehmen.

In den Fünfzigern kommt es zu einer anderen, einer neuen Qualität in der Beziehung Mensch – Musik. Vielleicht sind es James Dean und Marlon Brando, der eine im Sportwagen, der andere auf dem Motorrad, die neue Maßstäbe setzen und Millionen von Nachahmern in der ganzen Welt finden, vorzugsweise und natürlich vorwiegend in der westlichen. Mit diesen beiden amerikanischen Heroen treffen Rockmusik und das Auto endgültig aufeinander und werden zu einer dauerhaften Beziehung, die das wirkliche Leben nicht spannender beschreiben kann.

Das Auto hat sich letztendlich durchgesetzt: Man kann die Fahrt zu mehreren genießen. Es ist bequemer. Es schützt gegen Regen und Schnee. Und: Es hat eine breite Rückbank. Völlig unverzichtbar! Ebenso wichtig für das Wohlbefinden der Mitfahrenden ist das Radio im Armaturenbrett. Egal ob im Pontiac oder Chevy in den Staaten oder im Opel oder Volkswagen im Europa: Das Radio (später der Kassettenrecorder) ist an, und die Songs von Chuck Berry, Little Richard und Gene Vincent vermischen sich mit dem Summen des Automotors zu diesem einmaligen Soundtrack, den man nur vernimmt, wenn man über die Straßen braust, die linke Hand am Lenkrad, die rechte wahlweise an der Gangschaltung oder um die Schulter der Beifahrerin gelegt.

Wer kennt das nicht?! Die Straßen werden zu Schauplätzen der Chrome Dreams. Besonders die Highways in den USA, diese endlosen Asphaltbänder, die sich durch den gesamten Kontinent schlängeln, bilden die Kulissen für unsere Träume von Freiheit und Abenteuer. Insbesondere die legendären Route 66 und Highway 61 werden geradezu mystisch besungen. Bereits Woody Guthrie mit „Car car" und Big Bill Broonzy mit „Key to the highway" nehmen die Rockmusik vorweg, die in den Sechzigern dann zum absoluten Höhepunkt aufläuft. Die Autos sind noch größer, die Straßen noch breiter geworden – und die Autoradios natürlich noch lauter. Surfmusik ist angesagt, die Beach Boys, Dick Dale, Trashmen – und das Auto ist immer dabei. Anders ließen sich die riesigen Bretter ja auch gar nicht zum Ozean transportieren. Die Hondells bieten da eine Ausnahme. Sie haben recht früh einen Vertrag mit der japanischen Motorradfirma Honda geschlossen (daher der Name), und ihre Hits wie „Little Honda", „Hot Ride High" oder „Rip's Bike" drehen sich ausschließlich um Motorräder, und dann noch um japanische! Eine Ausnahme.

Wir kommen wieder zum Automobil. 1967 verewigt Steve Miller das gleichnamige Automobil mit dem „Mercury Blues" für den Film „Revolution". Der „Cadillac" bekommt seine Würdigung ebenfalls, und die Hoch-Zeit des Roadsongs beginnt. „On the road again" (Canned

Heat), „Overdrive" (Boz Scaggs) oder „Drive My Car" (Beatles) sind nur einige Beispiele. Im Grunde gehört das spätere „Autobahn" von Kraftwerk ebenso zu den „Straßenliedern", wenn auch die europäischen Beiträge nicht so großen Eindruck hinterlassen. Aber „Radar Love" von Golden Earring muß man dazurechnen und irgendwie auch eroc's „Wolkenreise", die perfekte Automusik. Kommt allerdings erst in den späten Siebzigern.

„Heaven is in the backseat of my Cadillac" singen Hot Chocolate, während Chuck Berry in „No Particular Place to go" noch etwas weitergeht: „Riding alone in my automobile/My baby beside me at the wheel/I stole a kiss at the turn of a mile/My curiosity running wild/Cruising and playing the radio/With no particular place to go." Kann man so stehen lassen! Ist aber geradezu harmlos im Vergleich zu Randy Newman's „If you need oil". Ein geradezu schlüpfriger Tankstellen-Blues. Die Tankstelle findet sich ebenso in Frank Zappa's „Working at the gas station" als auch in Jim Croce's „Working at the car wash Blues".

Bei den Truckern und ihrer speziellen Country Music ist dann wiederum der sogenannte Truck Stop als Schauplatz sehr beliebt (man denke auch an die deutsche Band Truck Stop). Die Kinks besingen „Drivin'" und landen dann doch in der „Dead End Street". Ohne fahrbaren Untersatz wäre auch die „Firebrigade" der Move ziemlich aufgeschmissen, der „Magic Bus" (The Who) würde kaum am „Bus Stop" der Hollies anhalten. Auto und Musik – eine Verbindung, die wirklich Geschichten erzählt. Von all den Anhaltern in „Hitchhike" (Marvin Gaye) zum Beispiel oder „Sweet Hitchhiker" der Creedence Clearwater Revival. „Mercedes Benz" wird von Janis Joplin gewürdigt.

Einige Beispiele aus dem Hause Cadillac: „Sandpaper Cadillac", „Red Cadillac And Black Moustache", „A Solid Gold Cadillac", „Full Blown Caddy". Auch der Leichenwagen ist ein beliebtes Fortbewegungsmittel für Musiker, Neil Young besitzt sogar zwei davon, die Krautrocker Franz K. immerhin einen – von Opel. „My Blue Kapitän" ist ebenfalls diesem Fabrikat gewidmet.

Der Tourbus! Was wäre die Musikwelt ohne dieses ach so wichtige Transportmittel: Der Nightliner in den Staaten und die vielen buntbemalten Busse in Europa, vorzugsweise von Mercedes oder Ford. Die Klassiker schlechthin! Ob Guru Guru oder Amon Düül II, die allerdings auch auf Cadillac stehen. Wohnen ja auch im Schloß! Christopher & Michael, die beiden Politsänger, sind da bescheidener. Ihr „Fiat 600" trifft aber voll ins Schwarze. Fast so gelungen wie der BMW V8 in der Fernsehserie „ISAR 12" (schreit nach einer Wiederholung) oder George Naders Superauto in „Shannon klärt auf". Die Musik zu dieser Serie ist ähnlich zündend wie die von Davie Allan & The Arrows, die sich mit den Soundtracks zu den B-Roadmovies „Wild Angels" und „Devils Angels" unsterblich machen. Nicht zu vergessen „Easy Rider", der Roadmovie schlechthin mit einem immer noch faszinierenden Soundtrack.

Rockin' down the highway! Heutzutage kein Spaß mehr. Verstopfte Straßen, Verkehrsinfarkt. Auf's Radl umsteigen, den Discman umhängen ist eine Möglichkeit, aber „Hot Road Baby" mit Kopfhörern zu verfolgen ist kein Genuß. Dann lieber zuhause Bob Dylan's „Highway 61" auflegen und die Augen schließen. Wie schon die Allman Brothers wußten: „Wipe the Windows, check the Oil, Dollar Gas". Und ab dafür!

Pferdehalfters Erbe

Es hängt ein Autoreifen an der Wand, und ein Auspuff hängt gleich nebenan, fragst du mich, warum ich traurig bin, schau ich nur zum Autoreifen hin ...

Der R 4: ein Auto? Eher ein Zuhause

Rimini, 1966

Bilder S. 126 – 129: Fotografiert von Rudolf Dietrich

Berlin, 1964

Ein Sonntag auf dem Nürburgring: Für 4 Mark durfte jeder eine Runde drehen. Nicht alle kamen an.

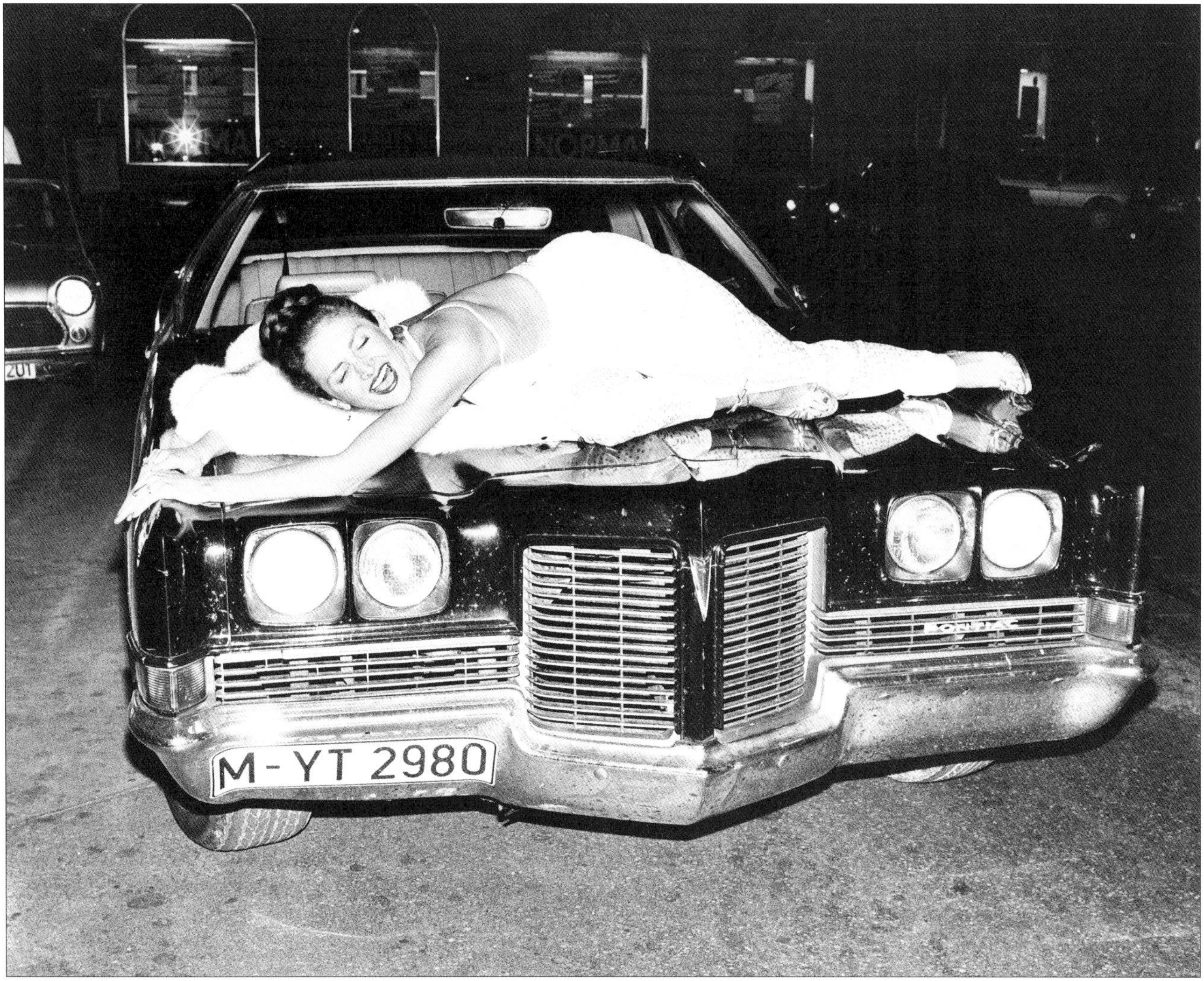

Heiße Braut auf dem Kühler: Vor der Wahl der Disco-Queen im „Henderson", München

Die Queen im königlichen Auto: Elizabeth II nebst Gatten auf Staatsbesuch in Berlin, 1965

Michael Schreiner

Ein Nintendo der 60er Jahre

Das Auto-Quartett: Kinderpoker mit Karl-Heinz Fritzsche

Gelegentlich eine Partie Canasta wie zuletzt nach Kaffee und Kuchen beim 92. Geburtstag seiner Tante – da sagt Karl-Heinz Fritzsche auch heute nicht nein. Doch „ein fanatischer Kartenspieler" sei er gewiß nie gewesen, meint der 77jährige, der immerhin jahrzehntelang, sein ganzes Berufsleben, im Spielkarten-Geschäft mitgemischt hat, bevor er 1979 in Rente ging und sich dann in Bad Wörishofen zur Ruhe setzte.

Zeit für Erinnerungen. Ein von Fritzsche für die Altenburger und Stralsunder Spielkartenfabriken (ASS) kreiertes Blatt gehörte zur Kindheit in der Bundesrepublik der 60er und 70er Jahre – und wird auch heute noch verkauft: das Autoquartett. PS, Geschwindigkeit, Hubraum, Gewicht. Trumpf war immer der Höchstwert. So konnte eine schwere, lahme Kiste einen leichten Flitzer, viel Hubraum einen PS-Protz ausstechen. Kinderpoker der Extraklasse. Ein Verkaufsrenner, der ein ganzes Genre, die „technischen Quartette", nach sich zog. Schiffe, Raketen, Rennboote, Motorräder ...

In den 50er Jahren bastelte der ASS-Prokurist, Vertriebsleiter und Produktentwickler Fritzsche sein erstes Autoquartett auf Karton mit Bildchen aus Autokatalogen. Er testete es mit Jugendlichen in seinem Tennisverein, änderte die Spielregeln – und 1961 brachte seine Firma das erste klassische Autoquartett der Welt auf den Markt. Seither heißt er in Zeitungsartikeln nur noch „der Vater des Autoquartetts".

Fritzsche hat seine Grundidee immer wieder variiert, um den Markt mit neuen Produkten zu füttern. Er dachte sich die Fernsehquartette aus (Kli-Kla-Klawitter, High Chapparal, Raumpatrouille Orion etc.), bastelte an Comic-Kartenspielen (Lucky Luke rettet die Texas Bank) und setzte frühzeitig auf den Joker Fußball – so zur Weltmeisterschaft 1970 mit dem Quartett „Die Hölle von Mexico".

„Es gibt fast nichts, was auf Spielkarten noch nicht abgebildet war", sagt der findige Fritzsche, der für seine Firma so manches As ausgespielt hat. Als die ersten Gastarbeiter aus Italien nach Deutschland kamen, schaltete er blitzschnell und schaffte original italienische Spielkarten fürs Napoletane nach Feierabend herbei. Und dem Canasta, das er 1938 als Marine-Kadett in Sao Paulo kennen- und spielen lernte, verhalf er hierzulande zur Verbreitung.

Geboren im thüringischen Altenburg, der Geburtsstadt des Skatspiels, bezeichnet sich Karl-Heinz Fritzsche als ein „Großelternkind". Der Großvater, Carl Schneider, hatte 1890 eine Altenburger Spielkartenfabrik gekauft, die kurz vor der Jahrhundertwende mit einem Betrieb aus Stralsund zusammengelegt und dann mit „Altenburg-Stralsunder Spielkarten" bekannt wurde. Unter dem Markenzeichen ASS wurde nach Ende des Zweiten Weltkrieges nahe Stuttgart in Leinfelden-Echterdingen eine neue Spielkartenfabrik gegründet, nachdem die Führungsspitze des Altenburger Betriebs vor den Sowjets geflüchtet war.

Karl-Heinz Fritzsche erhielt 1951 von dort ein Angebot – und nahm es an, obwohl er ja eigentlich mit einem Bein schon im bayerischen Arbeitsministerium als Inspektorenanwärter stand. Sein Platz am Behördenschreibtisch blieb leer – statt dessen inspizierte Fritzsche etwa in der Spielbank Baden-Baden die Zockerkarten und ihre Eignung unter Dauerbelastung.

„Ein richtiges Jungenspiel. Und die werden es den Mädchen beibringen ...": Das Auto-Quartett, empfohlener Ladenpreis damals: zwei Mark achtzig.

Als „Mädchen für alles" war Fritzsche in Leinfelden auch am Aufbau der inzwischen einzigartigen Spielkartensammlung beteiligt, die zunächst Firmenmuseum, dann „Deutsches Spielkarten-Museum" war, 1982 schließlich in den Besitz des Landes Baden-Württemberg überging und jetzt ein Zweigmuseum des Württembergischen Landesmuseums ist.

Das einst von seinem Großvater aufgebaute Altenburger Spielkartenmuseum, das als eines der bedeutendsten Spezialmuseen der Welt galt, verschwand 1946 im Zuge der Demontage des Werkes in 45 Kisten verpackt in die damalige UdSSR und befindet sich, wie Nachforschungen jüngst ergaben, noch immer in einem Depot in Moskau. Doch in Altenburg wurden weiter Spielkarten hergestellt – und auch eine neue Sammlung wurde dort zusammengetragen. Ihr hat Karl-Heinz Fritzsche viele Stücke seiner Privatsammlung gestiftet.

Deckblatt des Auto-Quartetts. Das Quartett umfaßt 9 Sätze zu je 4 Modellen. Von diesen 36 Karten finden sich in diesem Buch zahlreiche Motive wieder.

Christine Bonath

Herrn Geißels Junior

Eierschalenweiß, aber abgründig

Er war jünger als ich, ganz sicher – immerhin zählte ich im Sommer 65 schon reife sieben Lenze. Aber er hatte allerhand „Erfahrungen" gemacht, mehr als ihm (und uns) vielleicht gutgetan haben, unser Junior. Doch als wir im Bus ins Nachbarstädtchen fuhren – Vater im guten Pfeffer- und-Salz-Sakko mit Krawatte, Tochter im ungeliebten Faltenrock mit weißen Kniestrümpfen –, ahnten wir noch nichts von den Launen unseres ersten eigenen Autos.

Ein richtiges Schnäppchen sei das, dieser DKW-Junior, den sein Arbeitskollege „abstoßen" wolle, hatte Vater Mutter in einigen abendlichen Gesprächen klarzumachen versucht. Während beide ihr Töchterlein schon schlafend glaubten, wurde gezögert, geredet, gerechnet, und nur ich wußte, was herauskommen wird: *Wir*, so war mir von Anfang an klar, würden bald auch ein *Auto* haben ...

Und was für eines: Eierschalenweiß. Die hinteren Kotflügel spitzer als meine Kinderknie. Vorne runde Scheinwerferaugen, ein Zweitakt-Vor- und Rüttel-Zurück-Motor und Räder mit Radkappen, die aussahen wie Spiegeleier aus Metall oder so. Aus meiner Perspektive war der Junior eine imposante Erscheinung. Auch wenn mir nicht ganz entging, daß Vater und Herr Geißel sich räumlich ein wenig einschränken mußten, bei der Probefahrt.

Unterwegs lobte der Herr Geißel, der sein Fahrzeug ja „abstoßen" wollte, Juniors Ausdauer und Fahrtüchtigkeit. Wenn er zum Zweigwerk der Firma ins 300 Kilometer entfernte Offenburg müsse, dann lege er stets einen Backstein auf's Gaspedal, und dann ab durch die Mitte, prahlte Herr Geißel – so hieß er wirklich, Ehrenwort – auf unangenehmste Weise. Wartung? So gut wie kein Bedarf. Bereifung? Erste und beste seit dem ersten Kilometer ab Werk.

Und Herr Geißel hat offensichtlich noch Schlimmeres getrieben: Denn als Mutter nach Abschluß unseres „Schnäppchenkaufs" mit Eimer, Polsterbürste und Seifenschwamm in Juniors Interieur vordrang, fand sie: zwei Damenohrclips (verschiedene), einen Augenbrauenstift (schwarz), ein Damentaschentuch (benutzt) und vermutlich noch andere Dinge, deren Existenz sie, aus welchen Gründen auch immer, vor mir verbarg.

Nicht verbergen vor mir und der Welt konnten die Eltern allerdings, daß unser Junior, kaum hatte er Familienanschluß gefunden, alle Schrullen eines arg mißhandelten DKW-Wesens an den Tag legte: Mal sprang er an, mal wieder nicht. Bergaufwärts ging er fast immer aus und ließ sich schieben. Wenn's feucht war, ging gar nichts. Und gegen Ende unserer Beziehung mußte man beim Rückwärtsfahren das Licht ausmachen, sonst flogen sämtliche Sicherungen raus. Wir trugen auch das mit Gelassenheit, hatten aber seitdem halt immer eine Großpackung Auto-Sicherungen im Handschuhfach.

Ludger Claßen

Volltanken mit Obenöl
Oder: Die Operation Katwijk

Das erste Auto meines Vaters war ein Volkswagen, ein gebrauchter „Käfer", der in der Motorisierung der Familie einen entscheidenden Schritt nach vorn markierte. Er löste eine Lambretta ab, die für eine mittlerweile fünfköpfige Familie nicht mehr ausreichte. Ich bin nicht sicher, ob das später unvermeidliche Ritual der Inbesitznahme des neuen Autos schon bei diesem ersten Käfer gefeiert wurde, alle folgenden Autos wurden jedenfalls mit einer kleinen Familienrundfahrt eingeweiht und auf ihre Tauglichkeit und vor allem Leistungsfähigkeit geprüft. Vater pflegte die Vorzüge und Fortschritte des neuen Gefährts bei diesen Probefahrten zu erläutern. Die mögliche Höchstgeschwindigkeit und die Beschleunigungswerte, keine unwichtigen Kriterien, hätten bei dem ersten jedenfalls bedenkenlos getestet werden können, mußte der Wagen doch nicht eingefahren werden wie die folgenden Autos, deren Leistungsgrenze sich erst beim ersten Ausflug nach dem Einfahren oder bei der ersten Urlaubsfahrt erweisen konnte.

Das erste Auto der Familie war mit kleinen Mängeln behaftet. Der Vorbesitzer hatte den Fahrersitz völlig durchgesessen, und auch die Winker funktionierten nicht immer so, wie sie sollten. Entweder klappten sie nicht aus oder nicht mehr ein, jedenfalls gehörte es zu den wichtigen Aufgaben des jeweiligen Beifahrers, auf Zuruf die Fahrtrichtung durch Winken mit dem rechten Arm aus dem Fenster anzuzeigen. Falls Mutter nicht ihren üblichen Platz auf dem Beifahrersitz einnahm, durfte ich voller Stolz diese entscheidende Funktion im Verkehr ausfüllen und winkte dabei oft übereifrig länger als nötig, so daß Vater nicht nur das Kommando zu Beginn, sondern auch zum Ende der Operation geben mußte.

Natürlich spielte das Wohlergehen des fahrbaren Untersatzes eine große Rolle. Das entscheidende homöopatische Mittel zur Motorpflege war „Obenöl". Vor längeren Fahrten hieß es dann „Einmal Volltanken mit Obenöl!" an der Haustankstelle, betrieben von einem Schmiedemeister, der hinter der Tankstelle bis in die sechziger Jahre an der offenen Esse noch alle Arbeiten ausführen konnte, die Schmiedemeister schon seit hunderten von Jahren ausführten. Das „Obenöl" war nichts weiter als die Füllung der Verschlußkappe einer Motorölbüchse, für gute Kunden kostenlos. Dieses Öl wurde nach dem Tanken oben auf's Benzin geschüttet und sollte einen runden Lauf des Motors, reibungsloses Funktionieren des Vergasers und viele weitere wichtige Dinge garantieren. Man kann darüber denken, wie man will – aber kein Auto der Familie ist je auf einer Urlaubsfahrt stehengeblieben.

Die erste Urlaubsfahrt mit dem ersten Auto hatte als Ziel die holländische Nordseeküste. Das Unternehmen glich einer Expedition. Die Reise dauerte fast einen ganzen Tag, denn 1959 gab es noch keine Autobahn. Man konnte zwar schon im Ruhrgebiet gelben Straßenschildern folgen, die an irgendeiner Vorstadtstraßenkreuzung in Richtung „Holland" wiesen, tatsächlich führte der Weg über – heute würde man sagen: „malerische" – Landstraßen mit Alleebäumen von Oberhausen über Dinslaken, Wesel, Emmerich nach Arnheim. Zwischen Arnheim und Katwijk gab es einzelne Autobahnabschnitte, die die Fahrzeit ein wenig verkürzten, aber selbst dort ließen die 34 PS für den vollbeladenen Käfer mit Dachgepäckträger keine atemberaubenden Geschwindigkeiten zu. Außer-

Von Essen in die große weite Welt: nach Katwijk oder in den Winterurlaub – existentielle Erfahrungen auf der Rückbank eines VW, und kostenlos war nur das Obenöl.

dem fuhr Vater im Konvoi mit Bekannten, um die Fährnisse der weiten Reise – immerhin rund 250 km! – gemeinsam meistern zu können.

Diese frühen Reisen bestimmen als existentielle Erfahrungen bis heute jede längere Autofahrt. Die Distanz zwischen dem Zuhause und dem Urlaubsort war in möglichst kurzer Zeit zu bewältigen, ohne auf äußere Hilfe angewiesen zu sein – eine Aufgabe, nur vergleichbar mit der Leistung von Extremsportlern in unwirtlicher Natur. Wie diese vor ihren Touren jedes überflüssige Gramm Gepäck vermeiden und sogar die Zahnpastatuben bis auf den tatsächlich gebrauchten Vorrat ausquetschen, mußte nicht nur die Mitnahme jedes Gepäckstücks sorgsam erwogen, sondern der Familienkäfer vor Reiseantritt auch mit großer Sorgfalt gepackt werden.

Unvergeßlich auch die Fahrten mit den Eltern und zwei Geschwistern in den Skiurlaub. Nur die Skier waren auf dem Dach befestigt, der gesamte Rest einschließlich Skischuhen, Bekleidung, Gesellschaftsspielen und vielem mehr im Auto. Ich werde im Nachhinein das Gefühl nicht los, daß sich die Hälfte des Gepäcks in der unvermeidlichen Tasche zu Füßen meiner Mutter vor dem Beifahrersitz befunden haben mußte. Dennoch hatte so ein Käfer bei radikaler Ausnutzung aller Stauräume viel Platz. Auf den ersten Blick paßte zwar nur ein Koffer hinter den Rücksitz und ein zweiter unter die Vorderhaube. Auf den zweiten Blick konnte man aber hinter dem Reserverad neben dem Druckluftbehälter für die Scheibenwischanlage und vor dem Reserverad etwas unterbringen; unter den Vordersitzen und vor allem unter dem Rücksitz neben der Batterie war auch noch freier Raum. Vaters Geheimfach war allerdings mit Unwägbarkeiten behaftet, führte doch ein defekter Lichtmaschinenregler gelegentlich zur Überladung der Batterie, was Batteriesäure austreten ließ, die wiederum Löcher in die sorgsam verstaute Ausrüstung fraß.

In der unvermeidlichen Tasche an Mutters Füßen waren nicht nur unbekannte Mengen an Reisegepäck, sondern auch sonstige wichtige Ausrüstungsgegenstände, vor allem Proviant. Gehalten wurde nämlich nur zum Tanken, um die während der Fahrt ständig errechnete Durchschnittsgeschwindigkeit nicht zu drücken. Von den damals erreichten Zeiten mit eher schwach motorisierten Untersätzen auf zweispurigen Autobahnen können viele Urlaubsreisende in ihren großen Limousinen nur träumen – ein Schnitt von fünfundneunzig kann im Urlaubsdauerstau rückblickend nur als rekordverdächtig gelten. Die Urlaubsfahrten mit Blick auf zurückgelegte Kilometer und verstrichene Zeit führten dazu, daß meine Mitfahrer bis heute darunter leiden, daß längere Fahrten nur gegen meinen entschiedenen Widerstand zu mehr als zum Tanken oder sonstiger Maschinenpflege unterbrochen werden dürfen.

Und mein erstes Auto? Auch ein Käfer, Baujahr 1962, mausgrau mit Schiebedach und verchromten „Schlafaugen" über den Scheinwerfern. Mein erstes Auto vermittelte mir eine neue Erfahrung: Nach einem halben Jahr intensiven Gebrauchs stellte der Motor auf einer Fahrt in den Schwarzwald kurz vor Karlsruhe-Bruchsal seine Funktion ein – Kolbenfresser mit abgerissener Pleuelstange. Es lag vielleicht an meiner Fahrweise, die wesentlich darin bestand, die Tachonadel möglichst lange am Anschlag zu halten.

Als weitere Möglichkeit muß das vergessene Obenöl in Betracht gezogen werden. Die Fahrtunterbrechung jedenfalls dauerte viele Stunden, bis uns die Freunde aus dem Schwarzwald abholten. Die Durchschnittsgeschwindigkeit habe ich an dem Tag nicht mehr ausgerechnet.

Jutta Aurahs

Das Versteck im Flachmann

Vater, Auto, Abenteuer

Auto war in meiner Kindheit gleichbedeutend mit Vater und Abenteuer. Wo das Auto war, war mein Vater. Wenn mich in der letzten Schulstunde die weitergeflüsterte Meldung erreichte, daß sein Auto vor dem Gebäude aufgetaucht war, dann entschwebte ich in den siebten Himmel. Nicht weil ich den täglichen Dauerlauf zum Bahnhof und die Fahrt im vollgestopften Bus über drei Dörfer bis nach Hause haßte, nein, weil er auf mich wartete. Weil er extra kam, um mich abzuholen. Es war eines der wenigen Dinge, die er ganz alleine für mich tat, und ich liebte ihn dafür.

Das Auto allerdings haßte ich bisweilen. Nur über das Auto kam ich zu Taschengeld. Ich mußte es sonntags putzen. Nur von innen. Das Waschen und Polieren von Lack und Chrom war meinen Brüdern vorbehalten. Ich mußte Krümel einsammeln, Staub wischen, Fenster streifenfrei putzen – bei jedem Wetter. Die Tür der Garage stand dabei immer weit offen, damit ich genug Licht für die Arbeit hatte. Und im Winter beendete ich sie oft genug mit schmerzenden, blaugefrorenen Händen.

Als Versicherungsvertreter hatte mein Vater nie feste Arbeitszeiten. Es gab Monate, da kam er nur am Wochenende nach Hause. Vor dem Haus auf der Straße spielend warteten meine Brüder freitags auf ihn. Aber es war immer dasselbe Nachbarsmädchen, das als erstes sein Auto entdeckte, wie es oben am Berg um die Ecke bog und langsam die schmale Kopfsteinpflasterstraße hinunterrollte. Wie eine Trompetenfanfare hallte ihr Ruf durch das Viertel: „Jeeden, dei Babe kimmt!!"

Hatte Vater Zeit, überraschte er uns mit spontanen Entschlüssen, Ausflügen aus dem Alltag, Abenteuern, die wir Kinder herrlich fanden. Er konnte mittags nach Hause kommen und bei der Suppe feststellen, daß wir schon lange nicht mehr in Berlin waren. Zwei Stunden später waren die Koffer gepackt und wir unterwegs, quer durch Deutschland. Daß wir Kinder vielleicht gerade keine Ferien hatten, kümmerte meinen Vater nicht. Unsere Mutter schrieb später die Entschuldigungszettel für die Schule.

Meine jüngere Schwester machte ihren ersten Autoausflug 1959 im Alter von zwei Wochen, an einem warmen, sonnigen Spätsommertag. Der verwaschen tür-

Alle ihre Autos und Ausflüge ins Grüne ...

kisblaue Kinderwagenkorb mit ihr drin wurde auf den Rücksitz gestellt. Wir drei „Großen" klemmten uns daneben. Zwei Stunden später hielten wir auf einem Waldweg im Westerwald. Auf duftendem weichen Nadelteppich unter haushohen Fichten wurde die Decke ausgebreitet, Kinder- und Picknickkorb ausgeladen, und nach dem Essen blieb immer einer von uns als Wache beim Baby, während alle anderen ausschwärmten und Fichtenzapfen aufsammelten. Solange, bis der Kofferraum überlief.

Lange Autofahrten, das hieß für uns drei Kinder auf dem Rücksitz, daß abwechselnd einer in der Mitte saß, keinen Fensterplatz hatte, aber auch die beste Aussicht nach vorne. Wer in der Mitte saß, war fast auf dem Vordersitz, wenn er sich auf die Kante der Rückbank setzte, nach vorne beugte und mit den Unterarmen auf den Vordersitzen abstützte. Wer so saß, sah mit auf die Straße, war sozusagen Mitfahrer und wurde in den dunklen Nachtstunden alleine auf der Autobahn sogar zum geschätzten Gesprächspartner. Wer schlafen wollte, kuschelte sich mit einem Kissen in eine Ecke, legte seine Füße dem Bruder/der Schwester über den Schoß oder rollte sich auf der Hutablage zusammen, falls da nicht schon das Baby schlief. So einfach war das 1960.

In welche riskante Abenteuer sich unser Vater in jenem Sommer mit uns begab, haben wir Kinder erst viel später erfahren. Er fuhr mit uns wieder einmal nach Berlin. Auf einem Bahnhof dort warteten wir auf einen Zug aus der DDR. Er kam, hielt, meine Großeltern stiegen aus, nahmen ihre drei Koffer, stiegen mit uns ins Auto, und zurück ging es auf die Autobahn Richtung Zonengrenze und Freiheit. Die DDR-Grenzposten in Helmstedt kontrollierten gewohnt mißtrauisch, aber schöpften keinen Verdacht. Meine Großeltern verließen in diesem Augenblick die DDR für immer. Sie zeigten nicht ihre DDR-Papiere vor, sondern bundesdeutsche Personalausweise, die ein freundlicher Beamter unseres Meldeamtes vorab für sie ausgestell, und die mein Vater im Lederfutteral seines Flachmanns nach Berlin geschmuggelt hatte. Aber welcher Grenzer sucht bei drei Kindern im Auto schon danach ...

... oder Blaue: aus dem Fotoalbum der Familie Aurahs

Birgit Cremers

Der Apfel fällt nicht weit vom Auspuff
Erst Moritz, dann Mäxchen

Wenn man so einen Vater hat wie ich, dann wird man mit Benzin getauft. Er bekam bereits als 14jähriger seine erste Harley Davidson, mit der er unerlaubt in der Stadt herumknatterte – ein relativ risikoloses Unterfangen, da Polizisten damals meist noch nicht motorisiert waren. Sie gingen zu Fuß, hatten bestenfalls ein Fahrrad oder ein Pferd. Das war im Jahr 1919. Als 16jähriger machte er dann mit Sondergenehmigung den Führerschein für alle Klassen, und der Familiengeschichte zufolge soll der Prüfungs-Ingenieur gesagt haben: „Alle Wetter, das Kerlchen kann fahren!"

Anstatt ein ehrbarer Kaufmann zu werden wie Großvater, interessierte sich mein Vater nur für Motoren und wurde Ingenieur. Bald nach 1945 baute er dann den alten MG eines Freundes für ihn erfolgreich zur Rennkiste um; als Rennleiter einer Mineralölfirma gehörte er später eine Zeitlang beinahe zum Inventar von Nürburgring und Hockenheimring. Ich (Baujahr 1945) lief dann oft hinter ihm her, einen Schraubenschlüssel in der Hosentasche, und versuchte, meine Nase unter die Motorhaube zu stecken, wie mein Vater das tat. Es heißt, ich hätte als Fünfjährige Vergaser auseinandergenommen und wieder zusammengesetzt, ohne daß Einzelteile übrig blieben. Ich weiß nur, daß das satte Gebrumm alter Motoren mich bis heute elektrisiert.

Kein Wunder also, daß ich bereits 1950 das erste Mal hinterm Steuer saß. Ich hockte auf einem dicken Roßhaarkissen, damit ich übers Lenkrad gucken konnte; Papa streckte sich auf dem Beifahrersitz, um die Pedale zu bedienen. Ich lenkte stolz das Auto durchs Dorf, und die Nachbarn schüttelten die Köpfe und riefen einander zu: „Kiek ens, dat kleen Cremers, dat kann auch schon Auto fahren!"

Mit siebzehn bekam ich Fahrstunden, und mein Fahrlehrer merkte rasch, daß ich nicht ohne Praxis war. Er stellte auch fest, daß ich mit dem Rückwärtseinparken Probleme hatte, und als guter Psychologe meinte er, daß ich es auch in weiteren zehn Fahrstunden nicht lernen würde, also könnte ich auch nach lediglich fünf Lektionen die Prüfung wagen. Ich bestand zitternd und zagend, nach einem Schultag mit einer Mathearbeit zurück (verhauen) und einer Physikarbeit (daneben geschrieben) und entsprechend schlechten Nerven. Am 9. Mai 1963, an meinem Geburtstag, holte ich den Führerschein auf dem Amt ab.

Da meine Eltern mein Einparkproblem kannten und besorgt waren, sie müßten ihre Autos runderneuern lassen, wenn ich öfter damit führe, bekam ich fürs Studium einen alten Käfer mit 27 PS, Baujahr 1957, Standardausführung, unsynchronisiert und mit Seilzugbremsen, die im Winter gelegentlich einfroren. Mich störte das nicht weiter, ich schaltete tapfer mit Zwischengas zurück, anstatt zu bremsen, und legte genügend Abstand zwischen mich und den Rest der Verkehrsteilnehmer.

Am Studienort hatten wir bald eine nette Clique zusammen, die die letzten Nahrungsmittel, Weinvorräte und natürlich auch die Vehikel miteinander teilte (letzteres hatte Pa streng verboten). Ein Hochschulreitturnier stand an, und ich hatte meinen Käfer einem Freund geliehen, der mit der Organisation beschäftigt war. Ich sollte mit meiner besten Freundin in deren Auto später nachkommen. In einer Kurve, zum Glück bei niedriger Geschwindigkeit, krachte es im Getriebe – ich lästerte noch, was sie mache, schließlich hätte ich doch das unsynchronisier-

Der Herr Vater: Hans Cremers, ein Autonarr auf dem Nürburgring

te Auto, da blockierte schon die Lenkung und wir trudelten sacht ins Grüne. Vom nächsten Telefonhäuschen rief ich am Turnierplatz an, um unser Unglück zu melden und die Verspätung zu entschuldigen, da hörte ich vom Reitstallbesitzer, einem ehemaligen Rittmeister und Trakehnerzüchter, in schönstem Ostpreußisch die beruhigenden Worte: „Cremerchen, mach Dir nuscht draus, deein Autochen ist ooch kapott."

Mein Freund hatte es eilig gehabt, war mit meinem „Moritz" zu dicht aufgefahren und prompt in ein dickes Citroën-Hinterteil gerauscht – diese Bremsen waren eben um Klassen besser. Nun war Eile geboten: Der Unfall durfte zuhause nicht ruchbar werden. Auf Schrottplätzen wurde nach passenden Kotflügeln und einer Kühlerhaube gesucht, die Teile rasch lackiert. Doch oh Schreck, die neue Lackierung war farblich nicht ganz dem Kanarienvogelgrün meines ollen „Moritz" angepaßt, der Unterschied war deutlich zu sehen. Und es war schon Freitag nachmittag, die Eltern erwarteten meine Rückkehr. Mit Erde aus dem Blumenkasten vom Balkon meiner besten Freundin rührten wir eine schlammige Paste an und verdreckten das Auto gründlich. Zuhause parkte ich den Schmuddel-Käfer dezent im Schatten und hoffte, daß mein Vater nicht in seine Nähe käme.

In der Nacht gab es einen Wolkenbruch, und als Papa durch den frischen Morgen spazierte und mein gut abgespültes, zweifarbenes Auto entdeckte, war der Ärger groß. Moritz wurde als zu hohes Sicherheitsrisiko eingestuft. Denn Mama ließ sich erweichen und stellte mir ihren kleinen Karmann Ghia zur Verfügung – und der war viel hübscher. Er hieß „Mäxchen", hatte flotte drei PS mehr und eine schnittige Karosserie, brauchbare Bremsen, allerdings durchgerostete Heizungsschächte, was mich im Winter zu eskimoartiger Verkleidung nötigte. Trotz allen Frierens wurde „Mäxchen" heißgeliebt. Aber das war dann schon Auto Nummer zwei ...

Das Fräulein Tochter: Birgit Cremers, knappe fünf, vor „ihrem" ersten Auto. – „Daaf die datt? Die daaf datt!"

Elke Heidenreich

Papas Autos

Wie so eine Maschine einen Mann verwandelt

Wir waren arm zu Hause in den fünfziger Jahren – Ofenheizung, Klo auf dem Flur, aber vor der Haustür immer ein Porsche, wahlweise Jaguar oder Mercedes, einmal auch ein silbernes Rennauto, in dem schon Karl Kling gefahren war. Mit so was wurde ich dann von der Schule abgeholt und bekam von gedemütigten Lehrern, die gerade den Zweiten Weltkrieg verloren hatten – und nun auch noch dies! – natürlich Fünfen in Mathematik und Chemie.

Aber wie blühte mein kleiner Vater auf, wenn er hinterm Steuer saß! Wie schmuck sah er plötzlich aus. „Ob blond, ob braun, ich liebe alle Frau'n" – und die Frauen, ach, sie spürten das ... Dabei war er nur ein hochbegabter Automechaniker, der jedes besondere Schmuckstück ein paar Tage länger zur Reparatur dabehielt, und Probefahrten mußten ja auch gemacht werden.

Oh, ich weiß, wie so eine Maschine einen Mann verwandelt – es ist wie im Mittelalter, wenn der Rote Ritter in seiner schimmernden Rüstung auf seinem weißen Roß herangestürmt kam, da hatte doch so ein Minnesänger mit Laute keine Chance mehr.

Die Männer wissen das bis heute, instinktiv, es steckt ihnen im Blut, und so ist das Auto ihr letzter großer Balzplatz, der Ort für die Beweise von Kraft und Herrlichkeit. *(aus: STERN-Autojournal)*

Ludwig Krüger

Das Kreuz mit Gurki

Gang, Gas und gar nichts mehr: Meutereien auf der Kreuzung

Wir nannten ihn „Gurki“. Die Verniedlichungsform sollte einen winzigen Rest an Zuneigung andeuten; die Verwendung der rüden Vokabel „Gurke“ für das Gefährt schien uns denn doch zu ungehobelt, allen Macken dieses Fahrzeugs zum Trotz. Mit dem Renault R 4-L, weiß, fünftürig, ausgeliefert für 4.200 Mark (Neupreis!) plus 220 Mark für die Überführung und 12 Mark für die Nummernschilder, fuhren wir in unerwünschte Abenteuer.

Jedenfalls ziemlich bald. Ein paar Wochen lang tat die Fahrmaschine brav ihren Dienst. Dann begannen die Anschläge auf unser Leben. Gewiß, jedem Auto muß man zubilligen, daß der Motor einmal aussetzen kann. Jedoch: Wann und wo – das ist nicht unwesentlich für die möglichen Folgen.

Wir pirschen uns also an eine Großstadtkreuzung heran und peilen die Lage: Kommt wer von links? Kommt wer von rechts? Von vorn? Nein, die Luft ist rein. Also Kupplung, erster Gang, Gas. Und ab. „Gurki“ setzt sich in Bewegung – und verreckt abrupt mitten auf der Kreuzung, als sei das 26-PS-Kraftwerk vom Kugelblitz getroffen, während von allen Seiten heranrauschende Autofahrer vogelzeigend notbremsen und dem armen Opfer am Steuer der Angstschweiß übers Gesicht rinnt.

Als Mensch langmütigen Naturells verdaut man einen solchen Zwischenfall. Wiederholt er sich jedoch (nach Werkstattbesuch) einmal und zweimal und dreimal in immer genau der gleichen Weise wieder, sinkt die Stimmung. Leider verschärften die Bemühungen der kleinen Werkstattfiliale – rüde Mitmenschen hätten „Klitsche“ gesagt – diese Entwicklung noch.

Der blaubekittelte Meister, dem das Problem jeweils vorgetragen wurde, war – da er nun einmal mit Renaults zu tun hatte – ersichtlich der richtige Mann am richtigen Platz. Denn wenn ich mich recht erinnere, trug er einen schönen französischen Namen („Lejeune“?) und hielt die Cognacflasche in Reichweite. Auch schien er darauf zu achten, daß seine jungen Monteure bei Laune blieben, wie sich an ihren fröhlichen Wurfspielen mit Putzlumpen erkennen ließ. Bei der Ausstellung der Rechnung nach jedem Versuch, „Gurki“ Manieren beizubringen, erwies sich die Werkstatt als äußerst zuverlässig. Man verließ die

Der Autor mit behördlich fixiertem Handicap

Mechaniker, getröstet, das Problem sei nun behoben. Das war es mitnichten, wie sich beim nächsten Beinahe-Crash mit Beinahe-Herzstillstand erwies.

Eigentlich schade. Denn die Konstrukteure waren beim R 4 unter der strikten Vorgabe, eine sehr erschwingliche Fahrmaschine zu entwickeln, in Details pfiffig vorgegangen: Belüftung durch seitliche Schiebefenster und handbetätigte Klappe unter der Frontscheibe, primitiv wirkende, aber brauchbare, herausnehmbare Sitze, gute Heizung, komfortable (wenn auch franzosentypisch weiche) Federung, erträglicher Geräuschpegel – außer auf Steinpflaster. Daß die Blechstabilität der Karosse an Konservendosen gemahnte, darf dem Werk nicht angekreidet werden, denn damals war selbst beim ADAC noch niemand auf die Idee gekommen, das Crashverhalten etwa sei zu testen.

Weil er sich denn gar nicht bessern wollte, blieb „Gurki" nicht lange in unserer Hand. Seine haarsträubenden plötzlichen Motor-Tode bereiten bei uns das Terrain für den Erfolg einer Werbung, die den Leuten Slogans wie „Da weiß man, was man hat" und „Er läuft und läuft und läuft" einbleute ...

Als Lächeln noch geholfen hat: Gurki, das Miststück, zu Beginn noch kreuzbrav.

Robert Gernhardt / F.W. Bernstein

Rohrbruch & Co...

Der Mann, der den Scheibenwischer erfand

Der Mann, der den Scheibenwischer erfand, war einfacher Leute Kind. Köhler war sein Vater, seine Mutter eine Zugehfrau. Er selbst hieß Sebastian Grofelder. Sei's drum.

Neun Jahre war er alt, als er seiner Mutter dabei zusah, wie sie die Scheiben der Kate wischte, die der Familie als Wohnung diente. Und er dachte sich nichts dabei. Aß seine eingedickte Milch und pfiff sich eins.

Doch wiederum neun Jahre später, da war er schon 18. Nun aß er keine eingedickte Milch mehr. Er trank Sauerbier, pfiff sich eins und schaute seiner Mutter zu, wie sie die Scheiben der Kate wischte, die der Familie immer noch als Wohnung diente. Nur daß sie jetzt in den sechsten Stock gezogen war. Und da geschah es, daß er ins Grübeln kam. „Da steht die alte Frau – überdies meine Mutter, also dasjenige Wesen, dem ich mehr als jedem anderen mein Leben verdanke – und wischt Scheiben. Im sechsten Stock. Jeden Moment kann sie runterfallen – und dann? Prost Mahlzeit!"

Abermals neun Jahre später, da war Sebastian Grofelder 27 Jahre alt und ein rescher, fescher Schmied. Am Amboß stand er und hieb, daß die Funken stoben, als ihn ein Brieflein von seinem Eidam erreichte. „Lieber Sebastian, wie geht's dir, mir geht's gut. Übrigens, deine Mutter wäre beim Scheibenwischen fast aus dem Fenster gefallen. Aber fast ist nicht ganz, Gans ist keine Ente, die Ente ist kein Säugetier, was kann der Elefant dafür? Mit freundlichen Grüßen Dein alter Eidam Erwin. P.S. Weißt du schon, daß deine Eltern jetzt im neunzehnten Stock ... "
Doch Sebastian hatte den Brief schon sinken lassen.

„Da sollte etwas geschehen", runzelte er die Stirne. „Und zwar ein wenig plötzlich." Neun Jahre später stand sein Entschluß fest:

„Dieses Scheibenwischen muß aufhören", sagte er mehr zu seiner greisen Mutter, die am Fenster des dreiundzwanzigsten Stockwerks stand und Scheiben wischte, als zu sich selbst. „Mutter, du sollst es auf deine alten Tage einmal besser haben als ich. Ich kann's nit mehr mit ansehen. Da muß ein Scheibenwischer her!"

Und nun ging es Schlag auf Schlag.

11. 2.1767:	Sebastian Grofelder faßt den Entschluß, den Scheibenwischer zu erfinden.
27. 3.1769:	Er erfindet ihn weiter.
13.12.1770:	Er hat ihn erfunden.

Das war vor über 200 Jahren. Und doch wurde dieser Jubeltag von dunklen Wolken überschattet: Als Sebastian unter großer Anteilnahme der Bevölkerung mit seinem Scheibenwischer vor das Elternhaus zog, beugte sich die stolze, aber kurzsichtige Mutter so weit aus dem Fenster im dreißigsten Stock, daß ihr letztes Stündlein schlug.

Und auch die Erfindung selber – zwei Wischblätter von 2 Meter 50 Länge, die von 15 Mampfmaschinen angetrieben wurden – war derart teuer, daß sich kein weiterer Interessent für Grofelders Entdeckung fand.

Das sollte sich erst 150 Jahre später ändern, wenn auch anders, als es Grofelder vorgeschwebt hatte: Die Automobilindustrie entsann sich seiner Erfindung, und heute ist der Scheibenwischer vor keinem Kraftwagen mehr wegzudenken. Doch wer denkt noch an ihren Erfinder? An Sebastian Dingens, der im Jahre Dingsbums unerwartet verdingste?

Der Geist vom Niederrhein

Auf einer Fahrt ins Linksrheinische widerfuhr dem Fahrer Holger Rohrbruch etwas Merkwürdiges: Am Rand einer Landstraße erster Ordnung erschien ihm Vater Staat in Gestalt eines Gesäßes und sprach: „Du bist mein lieber Alfred Batel, an dem ich mein Wohlgefallen habe. Geh hin nach Gelsenkirchen oder meinetwegen auch nach München – ist ja eh egal – und tu Gutes denen, die gut zahlen und sag ihnen, was los ist. Hier hast du Geld, trink nicht alles durcheinander und vor allem: Bleib sauber! Sind noch Fragen?"

Nach diesen Worten sei die Gestalt mit einem satten „Pfffatz" zerplatzt.

Rohrbruch – so wenigstens hat er es einem unserer leidenden Angestellten erzählt – faßte sich rasch. Was ging ihn die Sache an? Er hieß nun mal nicht Alfred Batel, Geld hatte er auch keines gekriegt. So fuhr er denn entschlossen weiter, immer tiefer ins Linksrheinische rein.

„Sachen gibt's", schloß er seine Erzählung. „Sachen ... tz, tz, tz ... "

Der neue BMF 1200 – ein Automobil alter Schule

Rechtzeitig zum neuen Jahr haben die Badischen Motoren-Fabriken ihren seit 20 Jahren angedrohten Viersitzer auf den Markt gebracht. Unser Motor-Redakteur hatte Gelegenheit, ihn auf Herz und Nieren zu prüfen. Hier sein Bericht:

Ein Wagen mit dem gewissen Etwas – das ist der erste Eindruck, den der BMF 1200 auf mich macht. Er rührt von dem Nebelhorn her, das diesem Auto sein charakteristisches Profil verleiht – Ingenieur Wapetz, Chefdesigner der BMF, kann auch hier seine Herkunft aus dem Dampferbau nicht verleugnen. Der zweite Eindruck: hier wurde Sicherheit endlich einmal groß geschrieben. Vier Räder – an jeder Ecke eins und alle so angebracht, daß sie bis zur Erde reichen. Das heißt Griffigkeit und gute Straßenlage. Dazu die bei anderen BMF-Wagen schon bewährten Extras: Rückspiegel, Bremse und Rettungsreifen. Ein Blick ins Innere des Wagens läßt das Herz des sportlichen Fahrers höher schlagen: endlich einmal eine Gangschaltung, die hinten im Wagen angebracht ist, da macht das Schalten wieder Spaß, da wird der Griff zum Schalthebel wieder zu jenem echten Risiko, das die Fahrt mit den großen Wagen der 20er Jahre – einem frühen Alfa-Romeo oder einem jener legendären Rosenstock-Holderblühs – zum Erlebnis machte.

Doch auch an den Fahrkomfort ist gedacht: zusammenklappbare Aschenbecher, die Autobar neben dem Handschuhfach und das Lenkrad in ständiger Reichweite gehören zum Serienmodell. Ebenso übrigens der vollhydraulische Scheibenwischer, zwiefach genoppt und direkt an der Karosserie aufgehängt, er garantiert freie Sicht – selbst bei Regen.

Ein rascher Blick unter die Motorhaube: 12 PS, alle sehr übersichtlich rund um die Nockenwelle angeordnet, jede einzelne auch einzeln austauschbar – das spart bei Reparaturen Zeit und lästige Kosten. Ferner ein Motorgehäuse, das auf Kinkerlitzchen wie Fenster, Türen und Türmchen verzichtet – hier wird die Linie schlichter Sachlichkeit fortgeführt, die wir von den früheren BMF-Modellen her kennen.

Die Probefahrt quer durch den Werkshof schließlich bestätigte den ersten, günstigen Eindruck: Fahrer und Wagen bestanden den gut 250 Meter langen, mörderischen Parcours ohne größere Schäden. Außer einigen Schaltschwierigkeiten – vielleicht hätte man doch nicht auf die Kupplung verzichten sollen? – hielt der Wagen, was er verbrach.

Wir führen nichts Gutes im Schilde: Kudamm 1964

Helgas Erinnerungen: 1965 in St. Tropez

Urlaubs-Impressionen:
Martialische Expedition ins Paznauntal 1954 (links oben), eher brave Fernreise nach Jugoslawien 1966 und schließlich Lifestyle-Urlaub mit Schlaghose, Schlapphut und R 4

Beileibe kein alltäglicher Gebrauchsgegenstand war das Auto noch bis in die 60er Jahre hinein. Ein Ausnahmeereignis wie ein Familienfoto wurde vor dem Auto arrangiert. Die Tochter, die Gattin, die ganze Familie, die Kollegen, alle stellten sich in Positur wie einstmals vor der Studiokulisse im Fotoatelier.

Dirk Uhlenbruch

Alle seine Oldies

Die Sammlung Fritz B. Busch in Wolfegg

Was macht müde Männer wirklich munter und sorgt für das gewisse Funkeln in ihren Augen? Schöne Frauen, schnelle Autos, spannende Fußballspiele? Daß Männer mitunter auch noch andere Leidenschaften pflegen, hat Oberschwaben ein bemerkenswertes Museum beschert: das Automobilmuseum von Fritz B. Busch in Wolfegg.

Bewegt ist die Geschichte des Fritz B. Busch: 1922 in Thüringen als Sohn eines automobilbesessenen Vaters geboren, verbrachte er seine Kindheit vorwiegend in und unter Autos. Im zarten Alter von zehn Jahren konnte er bereits Vergaser einstellen und Reifen wechseln. Zur Leidenschaft für rollende Blechkisten gesellte sich der Hang zur Schriftstellerei, der ihm schon bald den Posten eines Kriegsberichterstatters einbrachte. In den Nachkriegsjahren schlug sich Busch durch als Steilwand-Todesfahrer, Zirkus-Pressechef, Revue-Regisseur, Automobil-Verkäufer und Werbeleiter, bis er schließlich den Weg zurück zur schreibenden Zunft fand. Auf das Thema Auto spezialisiert, machten ihn seine Testberichte – unter anderem für die Zeitschriften „Stern" und „Quick" –, Glossen, Kolumnen und Bücher einem großen Leserkreis bekannt.

Und auch die Prominenz machte Bekanntschaft mit dem Autotester Fritz B. Busch: Für den Stern beschrieb er die „Traumwagen der Welt" reiste mit diesen luxuriösen Vehikeln zu prominenten Zeitgenossen und befragte sie zu ihren Fahrgewohnheiten. So gesellte sich etwa die Traumfrau Jayne Mansfield zum Traumauto Pontiac Bonneville Cabrio – ein fürwahr aufregender Anblick.

Fritz B. Busch: „Mit Traumwagen Mercedes 300 und süßer Fracht " steht auf der Foto-Rückseite

Die Sammelleidenschaft für alte Autos packte Busch schließlich Mitte der 60er Jahre. „Mein erster Wagen", erinnert er sich, „war ein Ford A Modell aus dem Jahr 1929." Dem zweiten Oldie, einem 20 PS Opel von 1929, der ebenfalls im Wolfegger Museum zu finden ist, gehört dagegen das ganze Herz von Fritz B. Busch: Genau den gleichen Wagentyp fuhr einst sein Vater. „Wenn ich in das Auto hineinschnuppere", sagt Busch noch heute, „dann brauche ich nur die Augen zu schließen, um mich in meine Kindheit zurückzuversetzen."

Die Sammlung wuchs rasch. Mühsam suchte Busch den Grundstock zusammen, wurde bisweilen sogar in Scheunen von alten Bauernhöfen fündig. Entschieden tritt er dem Verdacht entgegen, alte Autos nur zu sammeln, um von der Wertsteigerung zu profitieren. Einen Verkauf bringt er auch heute noch nicht übers Sammlerherz.

Bald schon wurde der Platz auf seinem Grundstück für die Masse der

Fritz B. Busch, wie er eben einen bei St. Tropez lange vergessenen Peugeot 203 Cabrio heim in sein Museumsreich holt (zwei Jahre dauerte die anschließende Restaurierung), und Fritz B. Busch in Rom mit Corvette Sting Ray und Filmstar Sandra Milo (rechts)

Fahrzeuge zu eng, ein Museum mußte her. Gesagt, getan: Ostern 1973 eröffnete Busch nach Aus- und Umbau eines 500 Jahre alten Wirtschaftsgebäudes des Wolfegger Schlosses sein Automobilmuseum, das erst das zweite Privatmuseum dieser Art in ganz Deutschland war.

32 Autos waren damals zu bestaunen und lockten die Besucher in Scharen an. Auch wenn es inzwischen auf

zwei Etagen 100 Oldies mehr sind und sich die Zahl der Motorräder auf über 80 erhöht hat, so ist das Motto, unter das Busch sein Museum gestellt hat, doch gleichgeblieben: „Die Autos aus unserer Straße – die um uns waren in jenen Jahren". Soll heißen: Besucher dürfen eintauchen in die gute alte Zeit, sollen „ihr" Auto oder Motorrad entdecken, an dem so oft so viele Erinnerungen hängen.

Und wer erinnert sich nicht gern an die gute alte BMW-Isetta? Unvergessen auch die DKWs, die im Museum mit sechs Modellen vertreten sind. „Weißt du noch, damals, auf dem Weg nach Venedig?" So oder ähnlich beginnen denn auch viele Geschichten, die die jährlich über 100.000 Besucher im Museum erzählen.

Mit einem Schmunzeln denkt Busch etwa an die Mutter zurück, die dem Museum zusammen mit ihrer schon 35jährigen Tochter einen Besuch abstattete. Vor einem Opel Olympia verharrten die beiden plötzlich, und die Mutter rief völlig verzückt aus: „Schau mal, mit diesem Auto hat Papa uns zur Entbindung gefahren!" Und bisweilen geht es auch recht tierisch zu im Automobilmuseum: Etwa als ein Bauer sich beim Anblick des Goggomobil-Coupés daran erinnerte, daß er früher immer den Beifahrersitz ausbauen mußte, um die Ziege zum Bock zu befördern. Zumindest die Autofahrt, soviel ist sicher, bereitete dem Tier viel Spaß.

Nicht fehlen in einer ländlichen Region dürfen natürlich die Traktoren wie etwa der legendäre Fordson. Und die kleinen Lieferwagen, die einst auf drei Rädern durch die Lande zuckelten, rufen rasch ins Gedächtnis zurück, daß Butter, Käse und Eier nicht immer im Supermarkt an der nächsten Ecke gekauft wurden.

Moderner dagegen der Dieselstar: Dieses Auto mit 5-Zylinder Mercedes-Turbo-Diesel-Motor, flach wie eine Flunder und einem Rennwagen ähnelnd, entwarf Busch selbst und baute es in eigener Regie in der Werkstatt seines Museums. Es galt, die Diesel-Geschwindigkeitsrekorde zu brechen, was 1975 auch gelang.

Besonderes Highlight der an Höhepunkten nicht gerade armen Sammlung: Der Cadillac aus dem Nachlaß von Hans Albers. Der Ledermantel des unvergessenen Schauspielers liegt noch auf dem Rücksitz, so, als habe der „Blonde Hans" († 1960) den Wagen nur eben rasch geparkt, um zu Dreharbeiten zu eilen.

Information: Wolfegg liegt im Dreieck Ravensburg – Bad Waldsee – Wangen. Das Museum ist vom 15. März bis 15. November täglich von 9 bis 12 und von 13 bis 18 Uhr, sonntags von 9 bis 17 Uhr geöffnet, während der Wintermonate nur sonntags von neun bis 17 Uhr. Letzter Einlaß 45 Minuten vor Schließung. Telefon: 0 75 27 / 62 94.

Aus dem Verkehr gezogen

Eine kleine Hitparade der Automobilmuseen

Kein technisches Produkt steht dem Menschen so nahe wie das Auto – und für keines gibt es so viele Museen: mehr als 30 in Deutschland, 500 bis 1.000 in aller Welt, und allein hierzulande lassen sich zwei Millionen – meist männliche – Besucher von hunderten von Museums-Oldtimern faszinieren.

Die meisten der deutschen Automuseen entstanden noch in den 60er Jahren, parallel zu der Zeit, als das Auto Allgemeingut wurde. Das erste museale Auto in Mitteleuropa aber wurde im „Deutschen Museum von Meisterwerken der Naturwissenschaft und Technik", wie es damals noch hieß, in München schon 1906 ausgestellt – und es war der gerade 20 Jahre alte Ahnvater aller Motorwagen von Karl Benz. Heute steht es, immer noch fahrtüchtig, unter Glas und am Anfang der Entwicklungsgeschichte des Automobils, die anhand von 80 Fahrzeugen dargestellt wird.

Die deutschen Automobilmuseen: Aachen-Richterich, Adlkofen, Amerang, Aschaffenburg, Bad Iburg, Bad Oeynhausen, Bad Rothenfelde, Berlin (Deutsches Technik-Museum), Burgau, Dresden, Hamburg, Hockenheim, Ibbenbüren, Karlsruhe, Mannheim, Marxzell, München (Deutsches Museum, BMW-Museum), Neckarsulm, Nürburgring, Öhringen, Rheda-Wiedenbrück, Rüdesheim, Schloß Langenburg, Schloß Klaffenbach (bei Chemnitz), Schloß Wolfegg, Sinsheim, Speyer, Störy, Stuttgart (Mercedes-, Porsche-Museum), Tremsbüttel, Tübingen, Wolfsburg (VW-Museum), Ziegenhagen.

- ☆ In Mülhausen im Elsaß entstand aus einer Privatsammlung des autoverrückten Spinnereibesitzers Fritz Schlumpf das mit über 500 Wagen größte – und vielleicht auch schönste Automobilmuseum der Welt: das „Musée National de l'Automobile".
- ☆ Ausschließlich deutsche Wagen (230) findet man im Museum für Deutsche Automobilgeschichte in Amerang, einem Dorf zwischen Wasserburg und Chiemsee.
- ☆ Ebenfalls in einem Dorf, in Störy westlich von Bockenem bei Hildesheim, hat sich das weltgrößte Kleinwagenmuseum eingerichtet.
- ☆ Beengt, aber sehr romantisch stehen die Oldtimer in den Schlössern Langenburg bei Schwäbisch Hall und Wolfegg bei Wangen im Allgäu.
- ☆ Besonders edel präsentierte Autos sind in den Werksmuseen von Mercedes-Benz in Stuttgart, Volkswagen in Wolfsburg und BMW in München zu finden.
- ☆ Kultur und Technik stehen im Vordergrund der Darstellung des Automobils im Deutschen Technik-Museum Berlin, im Verkehrshaus der Schweiz in Luzern, im Science-Museum in London-South Kensington und im Henry Ford Museum, Dearborn, Michigan, USA.

Schade nur: Das Fahrerlebnis in einem Oldtimer kann einem kein Museum der Welt mehr vermitteln.

Jürgen Hanefeld

Retter aus der Flut

Unser erster Opel

Was blieb, ist nur die Marmorplatte. Noch immer ruht sie auf dem Heizkörper im Wohnzimmer, und auch heute, wo man derlei in jedem besseren Baumarkt kaufen kann, halten wir sie in Ehren – als letzte handgreifliche Erinnerung ans erste Auto. Die Marmorplatte war kein eigentliches Bauteil des '57er Opel „Rekord", doch leistete sie als Zubehör im Kofferraum unverzichtbare Dienste. Wie hätten wir die schneebedeckten Kasseler Berge ohne den noblen Ballast auf der Hinterachse je bewältigt?

Doch hatte dieses Auto noch ganz andere Prüfungen zu bestehen. Als es im Frühjahr 1961 in die Familie aufgenommen wurde, befand es sich in einem erbarmungswürdigen Zustand: Die Sitze zerschlissen, der Lack stumpf und matt, der Motor bereits 125.000 km gelaufen. Das attraktivste an „unserem ersten Opel" – wie er später immer hieß – war der Preis: 1.500 Mark für ein richtiges Auto, das uns zuverlässig in den Harz, den Taunus, ja sogar bis zum zwölf Fahrstunden entfernten Schwarzwald transportieren sollte – und das mit 45 PS aus 1.700 Kubikzentimetern Hubraum. Als besondere Eigenart begann der Wagen sich bei Tempo 110 regelmäßig so zu schütteln, daß meine Mutter zwischen stummen Stoßgebeten regelmäßig ein „Haben wir's so eilig?" durch die Lippen preßte. Mein Vater aber wußte, daß der Wagen bei Endgeschwindigkeit 120 wieder so ruhig dahinziehen würde wie ein Dampfer auf stiller See.

An arbeitsreichen Wochenenden hatten Papa und sein autonärrischer Bruder das ganze Blechkleid abgeschliffen und in einem todschicken Grau-weiß lackiert. Die Sitze waren neu bezogen worden, und vor Muttis Augen erstrahlte stets ein frisches Blümchen, versenkt in eine köcherförmige Plastikvase rechts der Windschutzscheibe. Daß dieses Auto allsonnabendlich nach deutscher Art und Kunst gewaschen und gewienert wurde, bedarf nur deshalb der Erwähnung, weil ich damals zum ersten Mal in meinem Leben Neid verspürte. Nicht auf das größere Auto jenes Nachbarn, dessen Namen ich vergessen habe, sondern auf seine Ledertuch-Wringmaschine, die mir die Prozedur des Autowaschens entscheidend zu erleichtern schien: In die Rückenlehne eines simplen Küchenstuhls waren zwei Nudelholzrollen eingelassen, die sich mittels einer Handkurbel gegenläufig bewegen ließen und ein dazwischengezogenes Ledertuch gleichsam vollautomatisch trockenpreßten. Der hatte sowas – und wir nicht.

Dafür hatte Papa unter dem Armaturenbrett und knapp vor Muttis Knien ein Kofferradio eingebaut. Es wurde über den Zigarettenanzünder mit Strom versorgt und spielte so lange schöne Schlager von Freddy und der Valente, bis man um die Ecke bog. Dann war der Sender weg. Egal war dies am Buß- und Bettag 1961, als Mutti kraftvoll die Beifahrertür zuschlug und mir dabei die Finger so einklemmte, daß mein Schrei ohnehin jedes handelsübliche Radio übertönte.

Drei Monate später sollte „unser erster Opel" die härteste Bewährungsprobe seines Autolebens antreten – und hätte sie auch beinahe bestanden! In der Nacht vom 16. auf den 17. Februar 1962 setzte die Elbe halb Hamburg unter Wasser, ein Ereignis, das als „Flutkatastrophe" in die Annalen der Hansestadt einging und dessen Bewältigung den Ruf des damaligen Innensenators Helmut Schmidt als besonnener Krisenmanager begründete. Zigtausende Hamburger waren buchstäblich über Nacht obdachlos geworden. In Decken gehüllt warteten sie bei ei-

sigen Temperaturen auf Hilfe. Darunter auch Muttis Cousine Erika mit ihren beiden kleinen Kindern, die irgendwo im elbnahen Stadtteil Moorfleet auf dem Dach ihres abgesoffenen Häuschens saßen und bibberten. Der Opel kämpfte sich voran. Unter tausenden anderer motorisierter Lebensretter trotzten auch wir den Naturgewalten. Endlich hatten wir Cousine Erika und ihren in Schlafanzügen gehüllten Nachwuchs entdeckt, da erschien wie aus dem Nichts ein Mann – ein Riese vor meinen Kinderaugen – und trug die drei durchs hüfthohe Wasser zu unserem Wagen. Zu sechst im Opel – auf der Rückbank Heulen und Zähneklappern – suchten wir den Rückweg über eine Deichstraße, die, warum auch immer, plötzlich überflutet war. Das Wasser schwappte über die Trittbretter, die Maschine schluckte kurz – und starb.

Was über die außerordentliche Hilfsbereitschaft der Hamburger aus jenen Tagen überliefert ist, mag Nachgeborenen übertrieben erscheinen – ist es aber nicht. Ein hochbeiniger Betonmischer nahm uns ohne zu zögern auf den Haken und schleppte den Opel samt Innenleben auf eine trockene Anhöhe. Andere PKW Fahrer brachten Frauen und Kinder nach Hause, und als mein Vater Stunden später zurückkehrte, um den abgebuddelten Wagen wieder flottzumachen, da sprang der Motor schon bei der ersten Schlüsseldrehung wieder an.

In den Erinnerungen der Familie genießt „unser erster Opel" bis heute allerhöchsten Respekt – gepaart mit einer Spur schlechten Gewissens. Denn als mein Vater dieses Auto 1964 für 900 Mark verkaufte, weil er ihm die Überquerung der Kasseler Berge einfach nicht mehr zutraute, kam unser Opel in die Hände eines Gastarbeiters aus Spanien. Der steuerte den grau-weißen Veteranen noch mehrmals bis nach Barcelona und zurück – auch ohne Marmorplatte.

Ludwig Merkle

Trost und Rat

CORNELIA U. AUS H.: Beim Durchlesen der Gebrauchsanweisung für mein Auto stieß ich auf den Ausdruck „atü". Was heißt das eigentlich?

Mit „atü atü!" brausen Feuerwehr, Notarzt- und Polizeieinsatzwagen eilends durch die Straßen. Da heißt es zur Seite fahren und sie durchlassen.

DIPL.-ING. OSKAR D. AUS R.: Mir sprang vor einigen Tagen plötzlich während der Fahrt die linke Wagentüre auf. Passiert ist nichts dabei, trotzdem fuhr ich sogleich in die nächste (allerdings leider nicht VW-)Werkstatt, wo der „Meister" die Türe nach kurzer Betrachtung mit den Worten: „Die hatten Sie bloß nicht richtig zugemacht", einfach wieder schloß; bezahlen mußte ich nichts dafür. Die Türe blieb seitdem auch zu, aber ich schwebe nun in der dauernden Angst, sie könnte eines Tages doch wieder aufspringen, und wer weiß, was dann geschieht?

Es ist typisch für eine nichtautorisierte Werkstatt, daß sie Sie auf diese Weise abgefertigt hat. In einer Volkswagenwerkstätte wären Sie anders bedient worden! Man hätte Ihnen dort auf jeden Fall vorsorglich die Türe ausgewechselt, und Sie könnten beruhigt weiterfahren. Ziehen Sie eine Lehre aus dem Erlebnis: Künftig nur mehr zum Spezialisten!

KONRAD L. AUS E.: Um mich zu überraschen, hat meine Frau am letzten Wochenende in meiner Abwesenheit den Wagen gewaschen. Die Überraschung ist ihr gelungen, denn leider ging sie in ihrem Eifer etwas weit und hat auch den Benzintank gereinigt. Jetzt steht darin zehn Zentimeter hoch die Seifenlauge. Wie bekomme ich diese wieder heraus, ohne den Tank auszubauen?

Ganz einfach: Fahren Sie immer gleich nach dem Starten los. Dadurch tritt die schnellste Erwärmung ein. Infolge dieser Wärme wird das Wasser raschestens verdunsten.

ANTON G. AUS J.: Ein halbes Jahr gehe ich nun schon zur Fahrschule. Drei Prüfungen habe ich hinter mir, wobei ich jedesmal im Theoretischen durchgefallen bin, weil ich nichts gelernt hatte. Ich bin einfach zu faul. Der Prüfer meint, ich sei ungeeignet zum Führen eines Kraftfahrzeugs. Glauben Sie, daß er recht hat?

Ganz im Gegenteil. Gerade für Menschen wie Sie wurde das Auto schließlich erfunden. Wer nicht zu faul ist, kann auch zu Fuß gehen oder mit dem Rad fahren.

MICHAEL W. AUS M.: Seit mein Wagen aus der Werkstatt (Inspektion) kam, hat er vier Rückwärtsgänge und nur noch einen Vorwärtsgang. Da ich aber hauptsächlich vorwärts fahre, war mir der alte Zustand lieber. Muß ich nun das Getriebe austauschen?

Keine Aufregung! Bei genauer Betrachtung Ihres Fahrzeugs werden Sie feststellen können, daß Ihr Mechaniker nach der Inspektion nur die Karosserie verkehrtrum aufgesetzt hat. Dies war jedenfalls die Ursache aller uns bisher bekanntgewordenen Reklamationen bezüglich vertauschter Vor- und Rückwärtsgänge. Sie brauchen also nichts zu tun, als die Karosserie wieder umzudrehen.

ANITA M. AUS L.: Mein Mann hat den Winter dazu benutzt, nach einer Do-it-yourself-Gebrauchsanweisung einen Wohnwagen zu bauen. Dies ist ihm auch sehr gut gelungen. Dumm ist nur folgendes: Weil es draußen sehr kalt war, hat er ihn im Keller gebaut und in seinem Eifer gar nicht beachtet, daß zwar die Einzelteile durch die Türe gehen, nicht aber der fertige Caravan, auch nicht diagonal. Mein Mann hat das Malheur noch gar nicht bemerkt. Ich zittere nun vor dem Augenblick, in dem er draufkommt. Was soll ich tun?

Erfahrene Wohnwagenbesitzer können Ihnen bestätigen, daß das Vergnügen, das der Caravansport bereitet, weniger im Ziehen des Wagens liegt, als darin, daß man in dem Wagen sitzen, schlafen, kochen und dergleichen kann. Dies alles ist aber ohne weiteres auch im Keller möglich. So besehen, ist der feste Standort des Caravan mehr ein Vorzug als ein Mangel. Auch entfallen nun Campingplatzgebühren und jegliche Diebstahlgefahr. Wenn Sie Ihrem Mann dies schonend sagen, wird sich sein erster Schrecken bald in große Freude verwandeln.

STEPHAN T. AUS N.: Vor drei Monaten passierte es mir in Sizilien (Agrigento), daß ich meine Frau versehentlich auf einem Campingplatz zurückließ. Ich achtete anfangs nicht weiter darauf, erst als ich zu Hause ankam, bemerkte ich ihr Fehlen. Da ich vielbeschäftigter Handelsvertreter bin, hatte ich zunächst keine Zeit, mich um dasselbe zu kümmern. Nun aber mache ich mir beinahe Gedanken. Meine Frau – mütterlicher Typ, aschblond, gutes Gebiß, Gewicht 1 Ztr. 76 – hatte weder Geld noch Ausweispapiere bei sich, ist jedoch an einem kleinen Muttermal unterhalb der linken Hüfte leicht zu erkennen.

PS: Wie lange muß ich abwarten, bis ich mich wieder verheiraten kann?

Unseres Erachtens ist das lange Ausbleiben Ihrer Frau Gemahlin kein Grund zur Beunruhigung, schließlich sind es von Agrigento bis N. 2.738 km; die wollen gelaufen sein. Um so größer aber wird Ihre Freude sein, wenn Sie sie eines Tages wieder in die Arme schließen dürfen. Oft kommt man sich nach so langer Trennung erst richtig nahe. Aus diesem Grund raten wir auch von einer voreiligen Wiederverheiratung ab.

LUISE M. AUS O.: Diesen Sommer will ich nach Bayern in Urlaub fahren. Es ist für mich das erste Mal. So einiges habe ich über dieses Land schon gehört. Zum Beispiel, daß die Männer dort zum „Fensterln“ kämen. Sagen Sie bitte, stimmt das auch wirklich?

Das Fensterln ist ein uralter bayerischer Volksbrauch. Er stammt aus dem frühen 13. Jahrhundert, als es noch keine anderen Eingänge gab. Heute wird es genügen, wenn Sie Ihre Tür einen Spalt offenlassen. Sie werden den gleichen Erfolg erzielen.

HORST M. AUS T.: Ich war in diesem Sommer im Urlaub in den bayerischen Bergen. Beim Tanken wollte mir ein Tankwart unbedingt die Luft nachsehen. Ich hatte aber keine Zeit und sagte: Nein, danke. Zum Glück, denn nun hat mir ein Bekannter, ein Fischer, erzählt, es sei gefährlich, Alpenluft in Reifen zu pumpen, die nicht daran gewöhnt sind. Was ist davon zu halten?

Die Bergluft ist überaus dünn und flutscht wunderbar in die Reifen – was viele Leute, insbesondere die Alpenbewohner, für ein gutes Zeichen halten. Leider aber ist diese Luft auch äußerst rauh, und so besteht die Gefahr, daß von ihr die Reifeninnenflächen respektive Schläuche angegriffen werden. Am besten nimmt man auf Reisen in solche Gebiete einige Preßluftflaschen heimatlicher Luft mit.

ALBRECHT G. AUS R.: Ich plane, mit meinem Wagen (Bauj. 1951) die Sahara zu durchqueren, und zwar will ich die Regenzeit wählen, sie scheint mir am günstigsten. Nun sagen aber alle meine Bekannten, ich sei verrückt. Finden Sie, sie haben recht?

Nach Ihrer Handschrift zu urteilen: Ja. Was aber die Regenzeit betrifft, so haben Sie gut gewählt, da haben Sie wenigstens nicht den Ärger mit dem Verdursten.

Carl-Walter Bauer

Graf Luckner auf der Autobahn

Aus den frühen Tagen des DRK

„Mach Dir ein paar schöne Stunden, schnapp Dir ein gutes Buch und setz Dich an der Autobahn in die Sonne." Diesem Rat eines Rotkreuzkameraden folgend, meldete ich mich in den frühen sechziger Jahren beim Leinfeldener DRK-Bereitschaftsführer Gerhard Auch zum Rettungsdienst an der Autobahnausfahrt Stuttgart Süd. Ich betrachtete mich damals als „alten Hasen" im Rettungsgeschäft, den nichts mehr erschüttern konnte. Schließlich war ich oft und viele Male in den Sommerferien als Beifahrer, dann als Fahrer mit dem Krankenwagen unterwegs gewesen, hatte für 20 Mark am Tag Oberschenkelhalsbrüche von Echterdingen ins Stuttgarter Marienhospital transportiert, Opfer von Messerstechereien in Plattenhardt ins Katharinenhospital der Landeshauptstadt gefahren oder war bei einer Frühgeburt in Stetten auf dem Fildern mit dem Mutterkuchen im Plastikeimer zwischen den Knien im Stuttgarter Kinderkrankenhaus „Olgäle" angekommen.

Und nun der Autobahndienst. Schon seit Ende der fünfziger Jahre hielt das DRK an Wochenenden und Feiertagen einen Unfallrettungswagen mit ehrenamtlichen Helfern für den Autobahnstreckenabschnitt zwischen Denkendorf und der Friedensbrücke bereit, um bei Unglücksfällen schneller helfen zu können. Wenige Wochen, bevor ich mich auf den Dienstplan setzen ließ, wurde dank der Unterstützung des Autobahnamtes Baden-Württemberg eine Rettungswache mit einem heizbaren, mit Fernsprechanschluß versehenen Aufenthaltsraum und einem mit Krankentragen, Liegen, Sanitätsmaterial und ärztlichen Hilfsmitteln für Hilfe an Ort und Stelle ausgestatteten Behandlungsraum im Autobahnamtsgebäude eingerichtet. Die Idee für einen solchen Bereitschaftsdienst, der vor allem an verkehrsreichen Wochenenden und Feiertagen direkt an der Autobahn stationiert wurde, stammte vom „Allgemeinen Schnauferl Club", der auch die Fahrzeugspenden organisierte. ASC-Promoter Claus Haupt war zudem persönlich mit der Familie des Grafen Luckner verbunden und hatte auch den Grafen zu einer entsprechenden Spendenaktion animiert. Deshalb erhielten die ersten fünf Fahrzeuge aus dieser Aktion den Namen „Graf-Luckner-Zug". Das Zugfahrzeug dieses Zuges, natürlich ein Mercedes Benz, stand für den Dienst in Stuttgart-Süd zur Verfügung. Sein Rufname: „Rotkreuz Baden-Württemberg 25".

Als ich mit meinem Beifahrer, Klaus Steffan, an einem sonnigen Pfingstsonntag die Kameraden Paul Brukner und Peter Hornickel, die am Samstag mit ihrem Dienst begonnen hatten, in der Rettungswache ablöste, schleppten wir zuerst zwei Stühle vor die Hütte, rissen das Fenster weit auf, damit wir den Funk hören konnten, vergewisserten uns, daß „Graf Luckner" im Schatten stand, und griffen zu unseren Taschenbüchern. Drei Meter vor uns rollte ein träger Feiertagsverkehr gen Süden.

Gegen mittag bissen wir in mitgebrachte Wurstbrote und Äpfel, tranken eine lauwarme Cola dazu und nahmen mit halbem Ohr wahr, daß „Dora", die Autobahnpolizei der Landespolizeidirektion Stuttgart I, für einen Unfall mit Verletzten am Drackensteiner Hang einen Krankenwagen aus Kirchheim-Teck rief. „Ganz weit weg", kommentierte Klaus Steffan. Wir unterhielten uns, rauchten, lasen und ließen uns die Sonne auf den Bauch knallen. Längst hatten wir uns des schweren Sakkos unserer Dienstbekleidung entledigt, die Hemdsärmel hochgekrempelt, den Kragenknopf geöffnet und die Krawatte gelockert, und ganz allmählich wurde es uns doch langweilig.

Endlich, gegen 15.30 Uhr: „Schau mal, da bahnt sich ein Stau an", sagte Klaus. In Minutenschnelle befand sich das Stauende auf der Höhe unserer Rettungswache, und kurz darauf knallte es: Aus Richtung Norden war ein Opel mit hoher Geschwindigkeit auf der Überholspur in das Stauende gebrettert. Wir ließen unsere Taschenbücher fallen und rannten die wenigen Meter auf die Autobahn. Während ich zu dem Unfallwagen spurtete, jagte Klaus mitten auf der A 8 Richtung Norden und fuchtelte mit den Armen. Er brauchte kein Blaulicht auf dem Kopf, damit die Fahrzeuge merkten, was los war. Etwa 150 Meter vor dem Unfallort sperrte Klaus breitbeinig die Überholspur ab. Zu unser aller Glück waren die Unfallbeteiligten noch glimpflich davon gekommen: Der Fahrer des aufprallenden Wagens hatte sich eine Platzwunde an der Unterlippe zugezogen, als er beim Zusammenstoß mit seinem Kopf gegen das Lenkrad geknallt war, Fahrer und Beifahrerin des letzten im Stau stehenden Fahrzeugs hatten nicht mal eine Schramme abbekommen. Der Blechschaden an beiden Fahrzeugen war um einiges höher als das Nähhonorar des Chirurgen im Böblinger Kreiskrankenhaus.

Ich führte die drei Unfallbeteiligten in unsere schattige Rettungswache, versorgte die Platzwunde und griff zum Funkgerät, um „Dora" zu alarmieren. Derweil stand Klaus immer noch wie eine Eins auf der Überholspur. Mittlerweile war der Verkehr völlig zum Erliegen gekommen, ein paar Fahrer waren ausgestiegen und halfen meinem Kameraden bei der Sicherung der Unfallstelle, bis die Polizei kam. Erst jetzt zählten wir eins und eins zusammen, ich griff zum Telefonhörer, rief Gerhard Auch beim Krankentransport in Leinfelden an und bat ihn, den leicht verletzten Fahrer zum Nähen ins Krankenhaus zu bringen. In der Zwischenzeit holte Klaus „Graf Luckner" aus dem Schatten und postierte ihn quer zum Stau vor die Rettungswache. Nach nicht einmal zehn Minuten war Ger-

Der Autor (rechts) vor dem Einsatzfahrzeug an der BAB-Abfahrt Stuttgart Süd

Festliche Übergabe: Mit Fahnenschmuck wird der „KTW" dem Graf-Luckner-Zug übergeben

hard Auch mit seinem Krankenwagen da und brachte unseren Verletzten fort. Das Paar des anderen Fahrzeugs baten wir auf unseren Stühlen vor der Rettungswache Platz zu nehmen, damit sie von dort aus ihr demoliertes Fahrzeug sehen und auf Polizei und Abschleppdienst warten konnten. Dann schlossen wir den Fensterladen der Rettungswache, stelltend en Funk ab, verriegelten die Tür und setzten uns in den „Graf Luckner“. Es dauerte nicht lange, bis uns der erwartete Ruf aus des Grafen Funkgerät ereilte: „Rotkreuz Baden-Württemberg 25 für Dora kommen!“ – „Hier Rotkreuz Baden-Württemberg 25 kommen“ – „Rotkreuz Baden-Württemberg 25, fahren Sie zu Kilometer 120,5, dort mehrere Unfälle mit Verletzten, kommen!“ – „Hier Rotkreuz Baden-Württemberg 25, verstanden. Ende mit Dora“.

Da unsere Rettungswache bei Kilometer 110,0 lag, hatten wir 10,5 km Fahrt vor uns. Wir schalteten unser Blaulicht ein und fädelten uns in den Stau. Dann kam das Martinshorn hinzu. Da auf diesem Streckenabschnitt nichts mehr ging und die meisten Fahrer keine Gasse gelassen hatten, brauchten wir bis zur Unfallstelle geschlagene 17 Minuten. Und dies, obwohl Klaus, der diesmal als Beifahrer fungierte, das Megaphon aus dem offenen Fenster hielt und auf schwäbisch die steckengebliebenen Fahrer anbrüllte, daß sie gefälligst ihre „Scheißkarre“ zur Seite steuern sollten. Im Funk war jetzt die Hölle los, denn „Dora“ rief nach weiteren Rettungswagen, alarmierte die Freiwillige Feuerwehr von Denkendorf, fragte zwei-, dreimal bei uns, wo wir denn zum Teufel blieben und beorderte weitere Streifenwagen zur Unfallstelle.

Endlich dort angekommen, waren wir erleichtert, weil drei Fahrzeuge des Kreisverbandes Nürtingen aus Kirchheim/Teck auf dem Grünstreifen der Gegenfahrbahn standen, die Sanitäter mit ihren Tragen über die Leitplanke geklettert und bereits einige der Verletzten versorgt und eingesammelt hatten. Ursache des Staus, der uns in Stuttgart-Süd die Platzwunde beschert hatte, war eine Massenkarambolage, an der sieben Fahrzeuge beteiligt waren. Für „Graf Luckner“ und uns blieben noch ein Schwerverletzter und ein Junge mit einer Kopfplatzwunde übrig, den wir nach vorne neben mich setzten, während sich Klaus hinten um das recht übel aussehende Unfallopfer kümmerte. „Mit Ton“ (so nannte „Dora“ damals Einsatzfahrten mit Martinshorn), mit Ton also fuhren wir ins Kreiskrankenhaus Nürtingen. Wir rasten nicht, wir fuhren, weil wir Straßenerschütterungen für unseren Schwerverletzten vermeiden wollten. In dieser Nacht, bis zu unserer Ablösung am Pfingst-montag um 10.00 Uhr, hieß es noch vier mal für uns: „Rotkreuz Baden-Württemberg 25 von Dora kommen.“

Hans von Gaudecker

Spitz: Der ideale Kopilot

Nur fröhliche Hunde sind angenehme Mitfahrer

Zum richtigen Auto den richtigen Hund – das ist nur ein fein ausgetüftelter Reklamespruch. Der richtige Hund zum richtigen Fahrer! So klingt die Forderung schon verständlicher. Denn vom Autolenker – beziehungsweise dessen Freundin oder Ehefrau – hängt es ja ab, welche Rasse er bevorzugt.

Da ist der Pudel. Er ist ein recht lieber Wegbegleiter – verlangt aber, daß „Herrchen" oder „Frauchen" sich nicht nur mit seiner Frisur beschäftigen, die viel Arbeit macht, sondern daß sie auch sonst für ihn Zeit haben. Der Pudel lernt leidenschaftlich gern allerlei Kunststücke und scheint total vergessen zu haben, daß er ursprünglich ein Jagdhund gewesen ist.

Auch der Cocker-Spaniel ist für Liebkosungen dankbar. Stundenlang kann dieser Hund mit den herabhängenden, überlangen Ohren seinen Besitzer aus treuen Augen „anhimmeln".

Der Dackel hat kein so starkes Zärtlichkeitsbedürfnis. Er ist eine ausgesprochene Persönlichkeit mit starkem Eigenleben. In Fuchs- oder Dachsbau bei der harten Arbeit unter der Erde hat er gelernt, selbständig zu handeln; hier muß er – ganz auf sich gestellt – mit dem Gegner fertig werden. Daher seine Eigenwilligkeit, die ihm oft als Ungehorsam ausgelegt wird. Dabei hat der kleine mutige Kerl einen sonnigen Humor und eine unfreiwillige Komik, die auch auf seinen Herrn wirken. Wer Sorgen hat, der wähle einen Dackel als vierbeinigen Wegbegleiter: Der bellt die Grillen fort.

Pudel, Cocker-Spaniel und Dackel sind meist passionierte Autofahrer, die schnell „schalten" und alle vorbeihuschenden Dinge rasch ansprechen. Nach einigen Stunden allerdings sind sie dankbar, wenn sie sich etwas die Beine vertreten und den nächsten Baum aufsuchen können.

Mehr Bewegung als diese drei Rassen verlangen die deutschen Schäferhunde. Sie fühlen sich erst wohl, wenn sie laufen dürfen. Wer einen Schäferhund zum Mitfahrer wählt, ist eigentlich verpflichtet, seinen Wagen auf der nächsten Schneise abzustellen und sich auf langen Waldläufen frische Luft in die Lungen zu pumpen. Als echter Gebrauchshund will der Schäferhund ständig gefördert und erzogen werden. Leinenführigkeit und unbedingter Gehorsam machen diesen Riesen zu einem sicheren Beschützer.

Der Autolenker muß sich vor der Anschaffung darüber klar sein, daß der Schäferhund einen ganzen Sitzplatz beansprucht, daß also ein Mensch weniger befördert werden kann. Das mag Vor- oder Nachteile bergen, je nachdem wie reichlich man mit bösen Schwiegermüttern gesegnet ist ...

Auch der Boxer ist so ein Schwergewichtler, der sich auf dem Sitz neben dem Fahrer wohlfühlt. Dieser muskelbepackte Prachtkerl besitzt die Gutmütigkeit des Starken. Er läßt sich in seiner biederen Dickfelligkeit sehr viel gefallen, bewegt sich beherrscht und gesittet. Sein kurzhaariger Pelz glänzt auch ohne Pflege vor Sauberkeit. Wenn er im abgestellten Wagen sitzt, sind mechanische Sicherungen gegen Diebstahl unnötig. Keinem Fremden ist es anzuraten, den Wagen zu öffnen. Dann entlädt sich die ganze geballte Boxerkraft gegen den Dieb. Diese Rasse schließt sich zwar schwer an, hat der Boxer aber einmal Freundschaft geschlossen, dann hält sie für das ganze Leben.

Der ideale Autohund ist und bleibt der Spitz, vor allem der Kleinspitz. Schon deshalb, weil er nur wenig Bewegung braucht. Sein Besitzer kann sich lange Waldläufe ersparen. Von allen Hunderassen fanden die Spitze zuerst zum Menschen. Schon in den Pfahlhütten der vorgeschichtlichen Zeit teilten sie den engen Raum mit den Fischern. Auch heute noch sieht man Spitze auf den Planken der Schleppkähne traben. Einst waren sie auch die freundlichen Begleiter der Fuhrleute, die dafür sorgten, daß keine Langfinger unter dem Verdeck nach gestapelten Waren griff.

Der Autolenker hat reichlich Auswahl – und damit die Qual. Jede Rasse stellt ihre Forderungen an die Menschen, die erfüllt werden müssen, sollen sich die Tiere wohl fühlen. Nur zufriedene, fröhliche Hunde sind angenehme Mitfahrer, die keine Langeweile aufkommen lassen.

Aus: FAZ, 9.2.1966

Martin Claßen

Sabine in der Seifenkiste

Low-Tech aus dem Hinterhof

Ob „Auto" das erste oder das zweite Wort war, das ich im zarten Alter von einem Jahr sprechen konnte, ist nicht überliefert. Eigene Erinnerungen reichen nicht bis dahin zurück. Ich weiß aber noch sehr genau, daß Autos meine kindliche Gedankenwelt mehr als vieles andere beherrschten.

Dabei spielte zunächst keine Rolle, daß meine Eltern (besser gesagt mein Vater, denn nur Männer besaßen in meiner Vorstellung Autos) in meiner Kleinkindzeit kein eigenes Auto hatten. Nein, Autos hatten den Reiz des Unbekannten, etwas Magisches. Mich faszinierte die Technik der Motoren, Bremsen, Lichtmaschinen mehr als die Karosserien. Zunächst war ich mit Fahrten auf der Lambretta zwischen den Beinen meines Vaters sehr zufrieden. Gut zehn Jahre später profitierte ich von der Zweirad-Vergangenheit meines Vaters erneut: Sie lieferte mir die besten Argumente gegen die Vorbehalte meiner Eltern vor meinem ersten Mokick. Doch das ist eine andere Geschichte.

Zurück zum kleinen Martin und den Autos: Eins der ersten Autos, an das ich mich präzise erinnern kann, ist jener Opel Rekord Caravan, mit dem mein Vater gelegentlich für eine befreundete Gärtnerei Blumen ausfuhr. Dabei durfte ich mitfahren! Was beeindruckte mich als Vorschulkind am meisten? War es die durchgehende, weich gepolsterte Frontsitzbank oder die stark gebogene Panoramafrontscheibe? Nein, am deutlichsten habe ich die Blumenvase am Armaturenbrett mit der stets frischen Nelke in Erinnerung. War das nicht Luxus pur?

Aus bloßer Schwärmerei für einzelne Autos entwickelte sich eine systematische Beschäftigung mit dem Thema. Mit sieben Jahren konnte ich jeden Wagen auf der Straße identifizieren und Motorleistung und Höchstgeschwindigkeit aufsagen. Fußball interessierte mich überhaupt nicht. Statt das Revierduell Schalke 04 gegen Rot Weiß Essen am Radio zu verfolgen, ließ ich Volkswagen gegen Opel oder Ford antreten. Die Spielregeln waren einfach: Aus dem Fenster des Eßzimmers konnte ich die schon damals reichlich befahrene Bundesstraße beobachten und eine Strichliste machen. Gewonnen hatte die Marke mit den meisten Strichen, also fast immer VW! Dieser Sieg „meiner" Marke erfüllte mich mit Genugtuung. Schließlich war VW ja eine deutsche Firma, hingegen Opel und Ford Ableger ausländischer Hersteller; heute würde man „Multis" sagen.

In meinem Statistik-Strich-Spiel hatten kleinere deutsche Hersteller wie Mercedes, Borgward und NSU keine Siegchance. BMW war in den 60ern nur ein sehr kleines Licht und belegte die letzten Ränge. Ganz aus dem Häuschen war ich, wenn ich einen Exoten wie z.B. das Amphicar, ein echtes Amphibienfahrzeug, zu sehen bekam.

Meine einseitige Vorliebe für VW verstärkte sich dadurch weiter, daß auch unsere dann fünfköpfige Familie Ende der 50er mit einem VW-Käfer (noch mit ovaler Heckscheibe ohne Mittelsteg) auf vier Räder gestellt wurde. Nun konnte ich mich immerhin hinter das Steuer des parkenden Wagens setzen und von eigenen Autofahrten träumen („Fury, wie wäre es mit einem Ausritt!")

Einmal im Jahr im Herbst kam – lange vorher von mir erwartet – ein neuer Autokatalog in die Zeitungskioske. Fotos aller aktuellen Modelle, lange Tabellen mit technischen Daten studierte ich so oft vorwärts und rückwärts, daß die Kataloge nach kurzer Zeit zu zerfallen drohten. wenn alle Daten in meinem Kopf geordnet waren, machte ich mich daran, daraus meinen Traumwagen zu destillieren. Dazu setzte ich mich an die alte schwarze „Mercedes“(!)-Schreibmaschine und kombinierte die für mich optimalen Zahlen: Maximale Motorleistung, traumhafte Höchstgeschwindigkeit, geringes Gewicht, geringer Preis. Weit vorausschauend hatte mein MARA 2000 trotz Jaguar-ähnlicher Motorleistung einen Verbrauch von nur 3 Litern/100 km. Meine künstlerischen Fähigkeiten standen – damals wie heute – gegenüber meinem technischen Verständnis weit zurück. Deswegen existierte von diesem Traumauto zwar ein Datenblatt mit allen Maßen – bis auf den mm genau, aber keine einzige Zeichnung.

Nun komme ich endlich zu meinem ersten eigenen Gefährt auf vier Rädern. Bobby-Cars, Kett-Cars oder ähnliches gab es „zu unserer Zeit“ natürlich noch nicht.

Das Dreirad, an das mein Vater einen Scheinwerfer gebaut hatte, war für uns schon sensationell. Später dann, zu Anfang der Schulzeit, nahmen wir, mein Bruder und Freunde aus der Nachbarschaft, die Dinge selber in die Hand. Unsere Hände waren zwar nicht zum Designen eines Autos auf dem Papier gemacht. Sie konnten aber mit Hammer und Säge umgehen. So entstand eine ganze Baureihe von Seifenkisten. Von den beiden wichtigsten Modellen will ich ausführlich berichten.

Untergestelle von Kinderwagen lieferten uns die Räder. Wir fanden solche Teile entweder auf dem Dachboden oder auf den wilden Müllkippen der Umgebung. Über die Entsorgung von Abfall machte man sich seinerzeit wenig Gedanken. Uns Kindern kam das sehr zugute. Wir sammelten neben Kinderwagenrädern und anderen Autoteilen wie Spiegel, Zierleisten und Kabeln auch alle anderen Metallteile, die wir fanden. Wir sortierten sie und brachten sie zum Klüngelskerl an der Ecke. Besonders freuten wir uns über Blei und Kupfer. Einige Groschen kamen da schon zusammen, ein Reichtum für unsere Vorstellungen. Undenkbar wäre es gewesen, das Geld in Süßigkeiten oder Eis umzusetzen. Ich sparte eisern, natürlich für mein erträumtes eigenes Auto mit 18 Jahren.

Doch zurück zur Seifenkisten-Werkstatt. Gebaut wurde auf dem Hof hinter unserem Haus, natürlich mit dem Werkzeug meines Vaters. Das führte zwangsläufig zu unschönen Szenen, weil wir Hammer, Kneifzange oder das, was mein Vater gerade dringend benötigte, irgendwo im Garten liegengelassen hatten. Ich fand diese Auseinandersetzungen damals kleinlich. Heute sehe ich alles in anderem Licht. Mein Sohn Tim benötigt immer wieder unbedingt und dringend das eine oder andere Werkzeug aus meinem Werkzeugschrank. Und nach langem vergeblichen Suchen taucht das fehlende Stück in dem Moment, in dem ich es mit dem Rasenmäher in kleinere Teile zerlegt habe, wieder auf.

Wahrscheinlich ist es genetisch fixiert, mit seinem Werkzeug kleinlich zu sein. Das Chromosom, das dieses Merkmal trägt, ist noch unbekannt. So erklärt sich sicher auch, wie sehr sich die Bilder mit fast dreißig Jahren Differenz gleichen. Neben der handwerklichen Experimentierlust zeigt Tim einen kritiklosen Enthusiasmus für Autos, Trecker, Kräne etc. Wichtig für ihn ist es, welches Gefährt das Stärkste und das Schnellste ist. Und das in einer Zeit, in der ich als Vater eine kritische Distanz zum Auto entwickelt habe und jede Art von Begeisterung mir fremd ist.

Beim Bauen unserer Seifenkisten hatten wir Mitte der Sechziger nicht die Spur einer Ahnung von Umweltzerstörung durch Kraftfahrzeuge. Uns beschäftigte viel mehr, wie man zum Beispiel die Achsen sicher am Fahrgestell fixierte. Dieses Problem konnte zumindest zeitweise gelöst werden. Die Seifenkisten-Evolution erklomm eine nächste Stufe mit dem Einbau einer Autobatterie zur Beleuchtung des Gefährts. Die Autobatterie führte natürlich zusammen mit einer wuchtigen Holzkarosserie mit Zierleisten und Türen zu neuer Instabilität am Fahrwerk. Batterie und Leuchten hatten wir von Autowerkstätten erbettelt (eine frühe Form des Sponsoring). Besonders toll fand ich Winker, deren Lampen noch funktionierten.

Für diese Seifenkiste brauchten wir unendlich viel Zeit. Glücklicherweise waren gerade Sommerferien. Es wurde früh hell, so daß ich im Morgengrauen weit früher als sonst aufstand. Die langen Sommertage führten auch dazu, daß wir zur Erprobung unserer Beleuchtung mit unseren Eltern ein spätes Zubettgehen aushandeln konnten. Wie stolz waren wir bei unseren Testfahrten auf die Doppelscheinwerfer, auf Abblend- und Fernlicht!

Einige Tage später wurde unser Gefährt offiziell der staunenden Öffentlichkeit präsentiert. Dieser Moment ist der Nachwelt im Bild erhalten geblieben. Bemerkenswert finde ich einige konstruktive Details. Noch stärker beeindruckt mich aber heute, wie präzise wir die Gepflogenheiten der großen Firmen kopierten, bei der Präsentation eine hübsche junge Dame in das neue Auto zu plazieren. Meine Schwester Sabine hatte beim Bau der Seifenkiste nur eine Nebenrolle gespielt, durfte aber für den Fotografen am Volant posieren.

Bei dieser Seifenkiste bestand eine schmerzliche Diskrepanz zwischen der Subtilität der Beleuchtungstechnik und der Primitivität des Fahrgestells. Dies ließ uns im Folgejahr keine Ruhe. Wir bekamen von einem Bootshändler ein Lenkrad für Außenbordmotoren geschenkt. So konstruierten wir eine Seifenkiste mit echtem Lenkrad und Seilzuglenkung.

Der erste Prototyp mit Seilzuglenkung hatte einen winzigen Schönheitsfehler: Einschlagen der Lenkung nach links führte zu Rechtskurven und umgekehrt. Nach den ersten blauen Flecken nach Crash-Versuchen an unserem Gartenzaun mußten wir lange überlegen und im Eisenwarenladen Umlenkrollen besorgen. Nach einigen konstruktiven Wirrungen gelang der Coup: Wir konnten optimal lenken und hohe Kurvengeschwindigkeiten erreichen. Die unter dem Wagenboden gekreuzte Führung der Lenkseile war allerdings sehr kompliziert.

Das Modell mit der Seilzuglenkung stellte zunächst einen gewissen Höhepunkt in der Entwicklung der Seifenkisten dar. Bei dem ersten echten Auto, das ich fuhr, wurde ich an die Seifenkisten-Basteleien erinnert. Es handelte sich – natürlich – um einen VW-Käfer. Erst wenige Wochen mit einem Führerschein versehen, versuchte ich im Schnee per Powerslide die Kurve zu kriegen. Die 40 PS Power reichte leider nicht zum Durchdrehen der Hinterräder aus. Die Vorderräder kamen dann aber ins Gleiten, so daß ich den Vorderwagen inclusive Achse an einem Straßenbaum verbog. Als wir die komplette Vorderachse austauschten, zeigte sich, daß die VW-Lenkungstechnik von 1967 schon ohne Seilzüge und Umlenkrollen auskam.

Norbert Bicher

Nimm zwei

Ein verbummeltes-verfummeltes Semester unterm VW

Damals, da hatte ich noch Ideale. Autofahren, eine bürgerliche Ersatzbefriedigung, die ich Anfang der Siebziger für unangebracht hielt. Das Auto als Erfindung der knechtenden Großindustrie. Mit mir nicht. War ich doch extra schon gegen meinen Geschmack, aus politischer Überzeugung, zum Weintrinker geworden. Kleine Winzer fördern und nicht einer sich anbahnenden Brauereikonzern-Fusion Vorschub leisten. Und bei soviel Überzeugung den Opels und Fords und Agnellis das nicht vorhandene Geld in den Rachen werfen! Ich dachte nicht dran. Jedenfalls nicht, so lange ich von Anne mit ihrem VW-Cabriolet durch die Lande chauffiert wurde.

Dann aber machte Anne, natürlich eine unerträgliche Kapitalistentochter, Schluß, und Bärbel, die Traumfrau, lief mir über den Weg. Leider erlaubte sie sich den Luxus, kein Auto zu haben und obendrein im Bergischen Land zu wohnen. Irgendwo zwischen Bergisch-Gladbach und Gummersbach. Aus Bochum mit Bahn und Bus nach Jörgesmühle. Da kann eine Traumfrau zum Horror werden. Eine der typischen Situationen, in denen man flexibel sein muß und sich von allzu viel Prinzipientreue nicht handlungsunfähig machen lassen darf.

Ein Auto mußte her. Nichts leichter als das. Mani, ein Uni-Kumpel, der längst dem Hörsaal adieu gesagt hatte und sich als eine Art sozialistischer Autohändler umtat, wußte natürlich Rat: „Der Käfer da, erster Hand. Riechst noch drinnen den Beamtenmief. Mögen wir zwar nicht, diese Staatsknechte. Aber automäßig nur gute Erfahrung." Mani war wirklich ein guter Kumpel. Na ja, für 1.500 Mark gab es auch bei ihm keinen fetzigen Schlitten, aber die Karre fuhr. Hatte sie gar nicht mehr gemußt, denn die Prinzessin aus dem Bergischen interessierte sich nicht mehr für mich. Nur ihre Mutter zeigte noch gewisse Gefühle für meinen Käfer, weil sie das Unternehmen leichtsinnigerweise mit 700 Mark gesponsert hatte.

Klar, daß sie die zurück haben wollte. Und unversehens geriet ich durch diesen Wunsch in bürgerliche Abhängigkeiten, von denen ich mich bis heute nicht erholt habe. Auf der Suche nach Barem landete ich nämlich in einer Lokalredaktion, die Hiwis für Schützenfeste und Karnickelvereine, Sängerfreunde und Kreisliga-Fußballberichterstattung brauchte. Die kleine graue Beamtenkarre war dafür unerläßlich.

Sie fuhr auch, und fuhr und fuhr. Sicherlich hätte sie es noch lange getan, wenn diese blöde Polizeikontrolle nicht gewesen wäre. Ich sah sie im letzten Moment, bog geschickt nach links ab in eine Sackgasse und hatte drei Bullenwagen im Schlepptau. Die suchten nach Terroristen, und da sie auf diesem Gebiet bei mir erfolglos waren, regten sie sich über abgefahrene Reifen und die abgelaufene TÜV-Plakette auf.

Kein Problem, Mani wußte natürlich Rat. Mit den Reifen, da würde er mir für den TÜV-Termin aushelfen. Den sollte ich im übrigen im Sauerland machen. „Da sind sie technisch noch nicht so weit wie hier im Revier." Offenbar aber weit genug, um festzustellen, daß die kleine Beamtenkarre eine riesige Rostlaube war und ich von Glück sagen konnte, noch nicht mit den Füßen auf der Straße gelandet zu sein. Die Bremsbeläge, na ja, das wäre ja zu machen gewesen. Schließlich hatte mir Mani, großzügig wie er nun einmal war, die Raubkopie eines Reparaturbuchs beim Kauf geschenkt. Aber an die Verlegung neuer Bremsleitungen traute ich mich wahrhaftig nicht heran.

Denn noch war ich im an sich blühenden Reparaturgewerbe ein Neuling. Das sollte sich ändern. Dank Elisabeth, einer Medizinstudentin aus dem Oldenburgischen. Die war politisch links drauf, trank abends bei „Heinz" in

> Wäre noch zu ergänzen, daß Freddy in seiner Freizeit mit Leidenschaft alte Autos vom „Friedhof" holt und etwa sieben ausgediente Wagen zu einem tadellosen neuen zusammensetzt. Jeder Mensch hat nun mal sein Steckenpferd. Bei Freddy hat dieses Steckenpferd zum guten Schluß gar viele Pferdestärken.
>
> *Aus: Polydor-Presse-Informationen, 16. Juli 1956*

der Studentenkneipe Wein und hatte einen wunderbaren dunkelblauen Käfer 1200 in ihrem Gefolge. TÜV frei für 14 Monate, sogar ein Autoradio. Leider nur: Lichtmaschine im Arsch und ein Motor mit Kolbenfresser. Na ja, Elisabeth hatte in ihrem Studentenappartement eine wunderbare Stereoanlage für abends, für morgens einen Toaster und eine Kaffeemaschine. Beste Voraussetzungen, daß wir bald über eine gemeinsame Autozukunft nachdachten.

Die sah so aus, daß wir aus zwei Käfern einen machen wollten. Ich steuerte den Motor bei, sie den Rest. Daß ein Motorwechsel eine Kleinigkeit sei, entnahm ich Manis Raubkopie. Nur irgendwie waren die Autoren dabei nicht unbedingt von meinen nicht vorhandenen Voraussetzungen ausgegangen. Aber eine Blöße war jetzt nicht mehr drin. Zum Glück kam Mani hin und wieder vorbei und gab mir den ein oder anderen Tip. Das war auch nötig, denn irgendwie hatte auch meine Lichtmaschine den Geist aufgegeben. Am liebsten hätte ich ihn gefragt, ob er nicht mithelfen könnte. Aber Mani nahm dafür inzwischen richtige Kohle. Na ja, eine Lichtmaschine erstand ich bei einem Autoverwerter. Das war kein Problem. Schon eher die Tatsache, daß ich inzwischen zwar vieles auseinander genommen hatte, mir aber immer noch keinen Reim darauf machen konnte, wie das Kunstwerk wieder zusammenzusetzen sei. Doch von Tag zu Tag blickte ich mehr durch, was sich die Kollegen von VW bei ihrer Konstruktion gedacht hatten. Ja, je öfter ich morgens statt zur Uni an unseren Käfer zum Arbeiten ging, verstärkte sich das Gefühl, ein Teil der VW-Belegschaft zu sein. Einer, der beim Malochen an vorderster Front im Klassenkampf stünde. Nicht mehr das elitäre Gequatsche, sondern richtig vor Ort ein verdienter Kämpfer der Arbeit. Abends, wenn ich meinen Arbeitsplatz unter dem Käfer verließ, kochte Elisabeth für mich. Irgendwie wurde es richtig schön spießig. So ist das eben, wenn man in die Fänge so bürgerlicher Gerätschaften wie Autos gerät.

Dann aber, nach mehreren Wochen und einem geschwänzten Semester, war unser Gemeinschaftsprojekt fahrtüchtig. Und wir fuhren glücklich vereint durch den Rest der siebziger Jahre.

Peter Studhalter

Der überhitzte Augenblick

Der Heiratsantrag im fünften Gang

Mein Gott, waren diese Jahre schön! Sie flossen dahin in einem Rausch aus Verliebtheit, Weltentdeckung, Über-Alles-Reden-Können und kulminierten im erfolgreichen Absolvieren des Gymnasiums ohne wirklich einschneidende persönliche Präsenz in demselbigen. So war das damals. Das Glück war mit Händen greifbar, und nicht mal Lateinlehrer Scharfricht konnte sich meiner Fortuna entgegenstellen. Bis auf die Sache mit dem Heiratsantrag, da habe ich wohl etwas falsch gemacht.

Es war ein wunderschöner Sommertag. Während meine Mitschüler über Prüfungsfragen zum Dreißigjährigen Krieg verzweifelten, fuhren Catherine und ich durch eine friedlich blühende Sommerlandschaft.

Bei Tempo 120 im fünften Gang faßte ich mir ein Herz und stellte ihn – den ersten Heiratsantrag meines Lebens. Für Sie als Außenstehende vielleicht noch ein paar Informationen, nur damit wir uns nicht falsch verstehen. Uns beiden ging es prächtig, wir waren glücklich und verliebt, der Motor unseres Renault schnurrte vor sich hin, und allein die Aussicht auf ein kühles Bier in einem schnuckeligen Gartenrestaurant ließ unsere Herzen höher schlagen. Also fragte ich sie, einfach so, leicht und schwerelos, wie es mir der Situation angemessen erschien, ob sie mich heiraten möchte. Catherine bekam augenblicklich einen Lachanfall, ich drosselte sicherheitshalber das Tempo auf hundert. Doch Catherine konnte sich nicht mehr beruhigen, drückte mir in ihrer Verzückung einen Kuß auf die Backe, flüsterte „Du bist vielleicht süß" ins Ohr und amüsierte sich köstlich über meine Bemerkung. Mir schwante, daß da irgendwas falsch gelaufen war. Ich war irritiert und erleichtert zugleich. Hatte ich die falschen Worte benutzt? Hätte ich auf die Knie fallen sollen – bei Tempo 120? War die Situation schlecht gewählt? Oder saßen wir einfach im falschen Auto? Klar kommt so was in einem Maserati, Aston Martin oder Bentley besser rüber. Aber mal ehrlich: Wer besitzt mit 19 schon solch ein Acht- oder Zwölfzylindergeschoß? Außerdem legte Catherine auf solche Äußerlichkeiten eigentlich gar keinen Wert. Komisch. Ganz im Innersten war ich sicher, daß dies der perfekte Moment war. Denn Geschwindigkeit ist nun mal der überhitzte Augenblick, da bin ich mit dem französischen Philosophen Paul Virilio einer Meinung. Wenn ich also eine so wichtige Frage im Bewußtsein des absoluten Glücksgefühls in einem Moment unseres Lebens stellte, der quasi diesen Augenblick durch die Tatsache der gleichzeitigen Fortbewegung, ja der Beschleunigung komprimiert und die Intensität meiner Zuneigung geradezu exponential überhöht – wie kann dann ein Heiratsantrag fehlschlagen?

So oder so, wir haben nie mehr darüber gesprochen.

(Aus: Süddeutsche Zeitung MAGAZIN)

Matthias Hoppe

Susi und die große Welt

Ein Dienstwagen auf Urlaub

Den weißen, namenlosen Käfer vom Baujahr 1963 kannte ich schon lange – es war der Dienstwagen meines Vaters. Als Pastor einer freikirchlichen Gemeinde in Leverkusen fuhr er damit zu Krankenbesuchen, zu Gemeindemitgliedern ins Altenheim oder zu Dienstbesprechungen. Es gab eine Vereinbarung, den Wagen auch privat und für die Familie nutzen zu dürfen. Und so weiß ich noch, wie wir – Eltern und vier Kinder – im Sommer von Leverkusen aus nach Holland, nach Den Haag und Scheveningen in den Urlaub fuhren – vollbepackt bis unters und auf dem Dach.

1971 machte ich Abitur. In den Monaten vorher hatte ich die Fahrschule besucht. Damals war es ja noch möglich, mit relativ wenig Fahrstunden auszukommen. Hinzu kam, daß ich schon ein wenig Übung hatte – ältere Freunde hatten mich schon mal schwarz fahren lassen. Ein Opel Kadett gehörte ebenso zu meinen Erfahrungen wie ein alter Porsche. So brauchte ich nicht mehr als elf Stunden.

Nach dem Abitur arbeitete ich als Werkstudent bei „Bayer" in Leverkusen, um Geld für ein Auto zu verdienen, damals ein „Grundnahrungsmittel" für frischgebackene Führerscheinbesitzer. Der Zufall wollte es, daß die Kirchengemeinde genau zu dieser Zeit überlegte, ein neues Dienstfahrzeug anzuschaffen. Ich trat in Verhandlungen und konnte den Käfer für 1.000 DM vor dem Verschrotten retten. Welch ein stolzes Gefühl: mein erstes Auto, selbst erarbeitet. Aber so eintönig einfarbig wollte ich „meinen" Käfer nicht lassen. Er bekam hinten auf dem Dach und auf der Vorderhaube je einen riesigen roten Punkt verpaßt, außerdem eine rotlackierte Umrandung. Und einen Namen: „Susi". Mit ihr und einem Freund ging es dann, bevor das Studium begann, in die Welt hinaus: das erste Mal allein unterwegs, selbstbestimmend, voller Neugierde und Aufbruchstimmung. Die Reise ging weit über Den Haag und Scheveningen hinaus quer durch Europa: Amsterdam, Brüssel, Paris, Marseille, Rom, Venedig, Mailand – und zurück nach Leverkusen.

Brave Susi – sie hat uns nicht im Stich gelassen.

Joachim Wachtel

Wehe, wenn sie losgelassen …
Duelle oder Rücksichtnahme

Drei Viertel aller deutschen Autofahrer fahren gern und zwei Drittel von ihnen sind überzeugt, auch sicher und zügig zu fahren. „Sicher", das Wort steht bei den Männern in der Beurteilung ihres Fahrstiles in der Rangfolge ganz oben, gefolgt von zügig, überlegt, umsichtig und ruhig (bei den Frauen steht das Prädikat vorsichtig an der Spitze).

Soweit die Selbsteinschätzung deutscher Autofahrer, wie sie sich anhand einer großangelegten Untersuchung darstellt. Eine heile Welt, wie es scheint, sportlich, fröhlich und vernünftig. Doch die grauenvolle Unfallstatistik der Bundesrepublik – weit über eine Million Unfälle im Jahr! – ergibt ein ganz anderes Bild.

Tausende und aber Tausende von Toten, Hunderttausende von Verletzten alljährlich lassen nur den Schluß zu, daß viele, sehr viele Bundesbürger gut erzogene, vielleicht sogar umgängliche Menschen sein mögen, aber glatt durchdrehen, wenn sie am Steuer und motorisiert auf die Menschheit losgelassen werden. Ein schreckliches Rätsel. Was geht da vor? Wie ist das möglich?

Duelle, die oft tödlich enden

Die offenkundige Tatsache, daß Menschen sich und ihre Fähigkeiten überschätzen, daß sie im Auto unsozial, geradezu gemeingefährlich handeln, beschäftigt Psychologen schon seit langem. Mit dem Auto, durch das Auto werden Menschen rabiat, zu Rivalen, die „es sich zeigen wollen".

Wissenschaftler weisen immer wieder auf die enorm hohe Zahl von jungen Fahrern (bis 30 Jahre) hin, die an „aggressiven Unfällen" beteiligt sind. Bei ihnen hat das Automobil längst den Gebrauchswert des Fortbewegungsmittels verloren. Hier spielen psychologische Faktoren wie Geltungsbedürfnis, Bestätigung und Erweiterung des Selbstgefühls, Befreiung von Aggression eine Rolle, die den Wagen, zumal den sportlich-schnellen zur Mordwaffe machen.

So ändern sich die Zeiten. Duelle, bewaffnete Auseinandersetzungen, wurden selbst in einer Gesellschaft, die mit dem Wort „Ehre" noch etwas anfangen konnte, verboten und bestraft. Heute finden die Duelle auf der Straße statt. Ungeahndet zumeist. Doch oft enden sie, wie früher, tödlich.

Es wird viel gesündigt mit dem Automobil. Aus Unbedachtheit. Aus Spaß an der Freude. Durchdrehende Räder, Zeichen von jugendlichem Übermut, lassen ältere Mitbürger zusammenzucken. Nächtliches Türenknallen reißt Nachbarn aus dem Schlaf. Motoren im Leerlauf stoßen giftiges Kohlenmonoxyd aus. Abgestellte Autowracks in der Landschaft beleidigen das Auge.

Sind es immer nur die anderen?

Von Exweltmeister Jackie Stewart stammt der Ausspruch: Der Autofahrer muß wissen, was er sich selber zutrauen kann; spüren, was im Wagen steckt; und aufpassen, was die anderen machen.

Ja, die anderen, wenn die nicht wären … Wir selbst fahren ja (siehe oben) sicher, zügig, überlegt – und nur die bösen, bösen Mitmenschen überholen an unübersichtlichen Stellen, mißachten die Vorfahrt, ignorieren

Verbotstafeln und Geschwindigkeitsbegrenzungen, halten zu geringen Abstand, rasen an Kolonnen vorbei, arbeiten wie wild mit der Lichthupe und tippen auch noch an die Stirn.

Ist die gute Meinung, die der Autofahrer offensichtlich von sich hat, berechtigt? Bin ich wirklich besser als die anderen? Parke richtig und das heißt: platzsparend? Starte an der Ampel zügig? Blende immer rechtzeitig ab? Gebe anderen Fahrern die Möglichkeit, sich in den Verkehr einzufädeln? Lasse andere die Spur wechseln? Halte bei liegengebliebenen Fahrzeugen? Prüfe oft genug den Zustand der Reifen? Verzichte auf das Bier? Bedanken wir uns durch Handzeichen?

Hand aufs Herz: Tun wir es? Fahren wir wirklich immer defensiv? Oder ist es nicht eher so, daß wir selbst die Fehler machen, die wir anderen ankreiden? Mit „Hallo Partner" sind ja nicht bloß die anderen gemeint. Jeder von uns ist Partner im Verkehr. Jeder muß bei sich selbst mit der Kritik anfangen. Selbstüberschätzung kann tödlich sein.

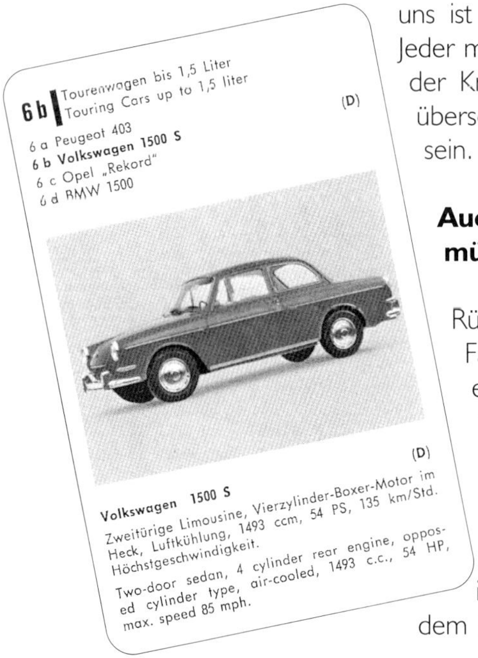

Auch Mitfahrer müssen mitdenken

Rücksichtnahme des Fahrers fängt schon im eigenen Wagen an. Es ist gut, wenn er sich in seiner Fahrweise auf die Mitfahrer einstellt. In kleineren zweitürigen Wagen ist der Sitz neben dem Fahrer (gemeinhin als „Todessitz" bekannt) groteskerweise eine Art Ehrenplatz. Das Einsteigen fällt älteren Menschen vorn leichter, und für die Beine ist mehr Platz. Aber gerade ältere Menschen übersehen die Verkehrssituation nicht genau. Bei plötzlichem starken Bremsen fährt ihnen auf jeden Fall der Schreck in die Glieder, wenn sie nicht überhaupt nach vorn prallen. Da hilft nur eines: alle, Fahrer und Mitfahrer, legen Sicherheitsgurte an!

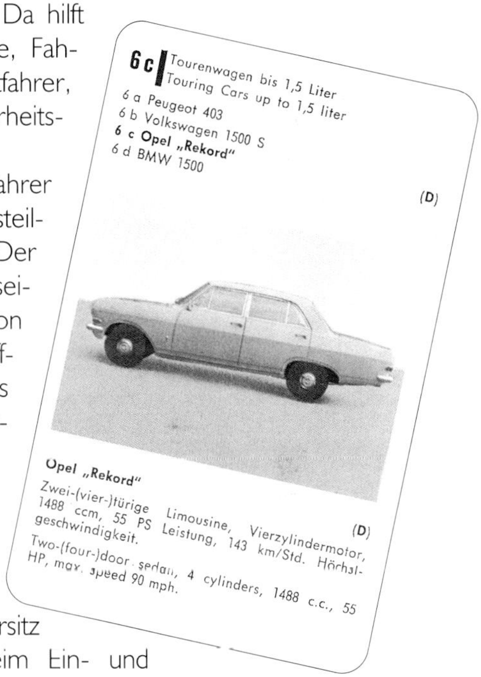

Auch Beifahrer sind Verkehrsteilnehmer. Der Fahrer wird seine Tür schon vorsichtig öffnen, wie er es in der Fahrschule gelernt hat. Aber auch die Großmutter auf dem Vordersitz muß sich beim Ein- und Aussteigen so verhalten, daß eine Gefährdung anderer Verkehrsteilnehmer (Radfahrer und Fußgänger) ausgeschlossen ist. So hat es der Gesetzgeber verfügt.

Das Problem des vernünftigen Ein- und Aussteigens ergibt sich auch beim Taxifahren. Jedenfalls bei einem Paar, Mann und Frau. Bei starkem Straßenverkehr, der ein Öffnen der Tür auf der Straßenseite nicht geraten erscheinen läßt, setzt sich am besten zuerst der Mann auf die hintere Bank und rutscht von rechts nach links; dann steigt die Frau ein. In einer ruhigen Straße dagegen öffnet der Mann die Tür, die Frau steigt ein und bleibt rechts sitzen, während der Mann auf die Straßenseite geht und dann links Platz nimmt.

Auch Tramper sind Mitfahrer. Viele Autofahrer haben etwas gegen den Typ an sich – ihre Sache. Aber auch diejenigen, die sich beim Fahren gern durch Gespräche die Zeit vertreiben lassen, tun gut daran, sich von dem Mitfahrer eine Verzichterklärung auf Schadenersatz unterschreiben zu lassen, falls, Gott behüte, etwas passiert. Formulare gibt es bei Automobilklubs. Trampende Mädchen sollten ihrerseits auf Nummer Sicher gehen und unbedingt zu zweit reisen.

Nehmen Sie Rücksicht auf Fußgänger!

Auch Autofahrer, die ihren „Knigge“ durchaus im Kopf haben und sich auf jedem Parkett sicher bewegen, versündigen sich hinter dem Steuer gegen simple Gebote der Menschlichkeit: Sie vergessen nämlich schnell, daß es Fußgänger gibt.

Rücksichtslos fahren sie bei Regen oder Schneematsch durch die Pfützen, ohne auf die Passanten auf dem Bürgersteig zu achten (es gibt, es muß gesagt werden, auch betont vorsichtige Fahrer!). Viel zu schnell und zentimeterscharf brausen sie an alten Menschen vorbei, die sich tapprig über den Überweg mühen. Viel zu spät treten sie vor dem Zebrastreifen oder an der Straßeneinmündung auf die Bremse: Fußgänger erschrecken dann und reagieren falsch.

Natürlich müssen auch sie, die Fußgänger, als Verkehrsteilnehmer Verständnis für die Autofahrer aufbringen. Hauptsächlich dadurch, daß sie, wenn irgend möglich, Fußgängerüberwege, Zebrastreifen benutzen. Und durch Zeichen rechtzeitig ihre Absicht bekunden, über den Damm zu gehen.

Von Kindern wird man soviel Vernunft nicht erwarten können. Ein aufmerksamer Autofahrer rechnet mit dem Ungestüm der Jugend genauso wie mit der Hilflosigkeit und – dem Starrsinn des Alters.

Joachim Wachtel, 1x1 des guten Tons heute, Bertelsmann Ratgeberverlag 1973

Mich
wirft keiner um!
MONROE
STP
STOP
DIE
AUSPUFF PEST
wynn's
SPEED-2000
nie wieder
ROLLS-
ROYCE!
RUHIG BLUT!
ANFÄNGER
HARTE BANDAGEN!
D
WIT U 730

Lieber
Herr Wachtmeister!
Ich weiß, das mein Wagen nicht
ganz richtig parkt, aber ich muß
meiner kranken Großmutter
Wein und Kuchen bringen
komme gleich wieder.
Danke!

IMMER NUR LÄCHELN

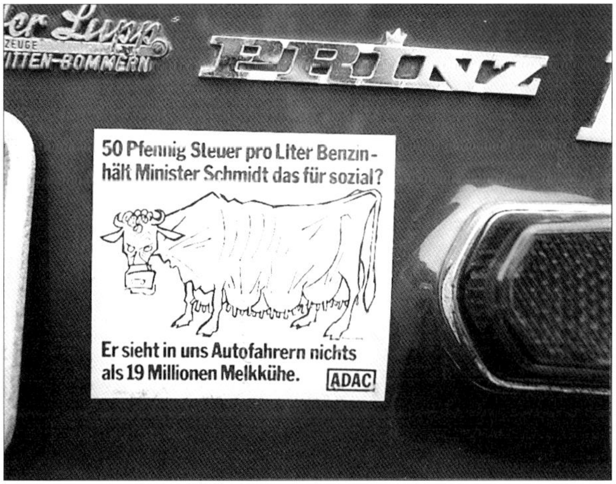
PRINZ
50 Pfennig Steuer pro Liter Benzin-
hält Minister Schmidt das für sozial?
Er sieht in uns Autofahrern nichts
als 19 Millionen Melkkühe.
ADAC

Die Straße gehört mir alleine
Ich hab genug Steuern dafür bezahlt

Hans-Herbert Holzamer

Der Drang nach rechts

Und die Weltkugel immer voran

Ein schrilles, metallisches Klack-klack in schneller Folge weckte mich. Die beiden rechten Räder des Autos liefen auf dem Kantstein und irgendetwas schlug gegen die Streben des Brückengeländers. Ich war auf der Fahrt von Bonn nach Andernach, wo mich die Kaserne erwartete. Es war das Jahr 1965, und ich erfüllte meine nationale Pflicht im PSK-Sendebataillon 701. PSK stand für „Psychologische Kriegsführung", und im Ernstfall sollte meine Einheit den Feind auffordern, die Waffen niederzulegen. In Bonn wohnte ich, und von hier nach Andernach benötigt man etwa eine halbe Stunde. Da ich nur zum Wecken dazusein hatte, begab ich mich gelegentlich spät auf die Straße. So auch in dieser Nacht, die mich indes davor heilte, übermüdet zu fahren. Es muß mein Schutzengel gewesen sein, der mich weckte und mir erlaubte, wieder mit allen vier Rädern auf die Landstraße zurückzukehren. Das Auto, Ford Taunus 12 M mit dem Baujahr 1958, das war das Modell mit der Weltkugel vorne an der Kühlerhaube, hatte immer einen leichten Drang nach rechts gehabt. Und als ich die Augen schloß, wurde dieser Drang übermächtig.

Etwas später dann zwang mich diese Eigenart dann zu einer teuren Reparatur. Bei jedem Bremsvorgang zog das Auto so nach rechts, daß ein energischer Griff ins Steuer mit dem Bremsen gleichzeitig erfolgen mußte. Bei einer Ausfahrt mit meiner Mutter ins Bonner Regierungsviertel mußte ich in Gegenwart eines Polizisten einmal abrupt bremsen, weil ein Passant den Zebrastreifen betreten hatte. Der Taunus stand daraufhin ebenso schief, wie mich der Hüter des Gesetzes anschaute.

Bei der Bundeswehr den Führerschein zu machen, gilt bei allen Rekruten als Pflicht; einige verknüpfen dies mit dem Dienst, andere, wie ich, müssen normal zahlen. Der Erwerb eines Fahrzeugs gehört auch für Mittellose dann dazu. Daß ich, wie die meisten, keinen Käfer kaufte, hatte damit zu tun, daß mein Vater auch keinen hatte. Er fuhr, als er nach dem Krieg für meinen Großvater versuchte, Landmaschinen an den Mann zu bringen, einen „Buckel", wie die Uralttaunusse hießen, und schwärmte für ihn. So versuchte ich auch mein Glück mit einem Produkt dieses Namens, und wie mein älterer Bruder sich einen 17 M gekauft hatte, langte es bei mir immerhin für einen 12 M. Erst über den eher kostspieligen Umweg eines 12 M des Jahres 1960 und einen DKW Junior fand ich dann den Weg zum Käfer, der mich durch die ganze Studentenzeit begleitete.

Noch heute bestehe ich jedoch darauf, daß der Fahrkomfort im 12 M, auch die Sitz- und Liegeeigenschaften der durchgezogenen Rückbank höher waren als im Käfer. Im übrigen jedoch war dieses Auto ein Desaster. Jede Erhebung konnte man sofort daran erkennen, daß man aus dem vierten Gang herunterschalten mußte. Dies konnte, je nach Begleitung, eine demütigende Handlung sein, weil dann wirklich jeder, einschließlich Laster, an einem vorbeizog. Auf der Autobahn konnte es geradezu gefährlich werden, weil die Brummer meinten, einen durch nahes Auffahren und lautes Hupen zu einer größeren Geschwindigkeit antreiben zu können. Ging es dann jedoch wieder bergab, hatten sie das Nachsehen, bis zum nächsten Anstieg. Immerhin hatte mein 12 M wochenlang das Vergnügen, den Bataillonskommandeur Hauschild nach Bonn zu transportieren, weil dessen Citroen DS 21 zwar größer, aber auch entsprechend anfälliger war.

Daß ich mir einen zweiten 12 M kaufte, war eigentlich keine Absicht. Irgendwann brauchte er mehr Öl als Sprit, und der Händler in Andernach sagte mir, ein neuer Motor wäre fällig. Es wäre jedoch billiger, statt des Motors gleich einen anderen 12 M zu kaufen, eben den des Jahres 1960. Da ich kein Geld hatte, war es das erste und zugleich auch letzte Mal, daß ich einen Wechsel unterschrieb, allerdings ohne negative Folgen. Der zweite 12 M hatte recht bald die dumme Eigenschaft, an jeder Tankstelle mit Wasser aufgefüllt werden zu wollen. Daraufhin verkaufte ich ihn für den Erwerbspreis: 800,– Mark. Ich habe natürlich seinen Wasserdurst nicht verschwiegen. Nur hatte der Erwerber nicht lange etwas von ihm. Am Tage des Erwerbes, nach einer von vielen Stops an Tankstellen geprägten Reise nach Hannover, übersah jemand an einer Kreuzung die rote Ampel.

Michael Kriegeskorte

Unten Vorkrieg, oben Nachkrieg

Caramba, er fährt: Unser DKW, Das Kleine Wunder

Mein erstes Auto ... war eigentlich gar nicht *mein* Auto. Es war *unser* Auto; das erste Auto einer Lehrerfamilie zwischen reichem Kindersegen und finanziellen Sorgen.

Mein Vater, ein gottbegnadeter Bastler, wie sie in den fünfziger Jahren sicher nicht selten waren, hatte Anfang 1951 das Chassis eines Vorkriegs-DKW erstanden, das er zunächst zu Hause, auf einem notdürftig überdachten Innenhof in seine Einzelteile zerlegt, mit Caramba behandelte. Dabei nahm er auch den Motor und das Getriebe komplett auseinander und unterzog beide einer Generalüberholung. Dann begann er, alles wieder zusammenzusetzen, wobei er immer wieder defekte Teile durch Aggregate von Autos anderer Marken ersetzen mußte. Nach vielen Rückschlägen ergaben schließlich, gut sieben Monate später, erste Probefahrten, daß sich der Aufwand gelohnt hatte: Das Fahrgestell fuhr.

Ein Busunternehmer, der meines Vaters Bemühungen mit ungläubigem Staunen verfolgt hatte, spendierte daraufhin eine Karosserie – soweit man die zu jenem Zeitpunkt so nennen konnte. Denn es handelte sich um einen Unfallwagen, der recht verbeult und unvollständig in Einzelteilen angeliefert wurde. Außerdem stammte sie von einem Nachkriegs-DKW und war somit 30 Zentimeter zu kurz für das frisch renovierte Limousinen-Chassis. Daher war mein Vater gezwungen, den ganzen Aufbau etwa in Höhe der vorderen Kotflügel quer durchzutrennen und einen circa 30 Zentimeter breiten handgetriebenen Blechstreifen einzuschweißen. Da das Dach des Wagens bei dem Unfall am meisten Schaden genommen hatte, gab es keine andere Möglichkeit, als es komplett herauszuschneiden; so entstand eine wunderschöne Cabrio-Limousine. Um sie von ‚normalen' fabrikgefertigten DKW-Cabrios auch äußerlich zu unterscheiden, installierte er schließlich noch einen selbstentworfenen Kühlergrill.

Inzwischen nahm die halbe Bevölkerung der schwäbischen Kleinstadt, in der wir damals wohnten, an den Aktivitäten meines Vaters teil. Fast täglich besuchten uns Schüler, um zu erkunden, welche Fortschritte der Wagen machte. Es wurden zahlreiche Wetten abgeschlossen, ob der Herr Lehrer es tatsächlich schaffen würde, das selbstgebaute Gefährt eines Tages durch die Stadt zu bewegen. Dabei hatte mein Vater selbst zwischenzeitlich erhebliche Zweifel daran, daß ihm das tatsächlich gelingen würde.

Aber im September 1952 war es dann endlich so weit: Der Ingenieur einer städtischen Autoprüfstelle erteilte nach einer halbstündigen Probefahrt viel Lob und den staatlichen Segen; der Wagen konnte offiziell angemeldet werden. Noch ohne Stoffdach – das wurde erst ein halbes Jahr später, auf der heimischen Nähmaschine genäht, aufgesetzt – folgte eine turbulente Jungfernfahrt zur 40 Kilometer entfernten Harburg. Mit einer Flasche Sekt wurde der Wagen getauft.

In den folgenden neun Jahren fuhren wir weit über 100.000 Kilometer mit „Dem Kleinen Wunder" quer durch Europa – im Normalfall mit allen fünf Kindern –, ohne jemals liegen zu bleiben. Wir lernten so die Schweiz kennen, das Elsaß, bis nach Südfrankreich führte uns die elterliche Reiselust. Vor allem Pässe hatten es meinem Vater angetan; über den Großglockner ging es durch Österreich, über den Brenner nach Italien. Hier offenbarte sich allerdings des Wagens (einzige) Achillesferse: Der kultivierte, aber eben sehr schwache Zweitakt-Zweizylinder-Motor von maximal 23 PS war für derartige Belastungen eigentlich nicht ausgelegt, das Kühlwasser begann regelmäßig überzukochen. Was uns Kindern jedoch viele willkommene Fahrtunterbrechungen in schönen Gebirgslandschaften bescherte. Auch die Bremsen reagierten auf längere Bergab-Fahrten mit funktionsgefährdendem Temperaturanstieg. Bei so mancher Bremsprobe landeten wir Stadtzentrum unserer Heimatstadt in den kleinen Vorort fuhren, in dem wir wohnten, rollten wir über eine längere, sanft abfallende gerade Landstraße. Schon zu Beginn dieser Strecke schrien wir hinten zu fünft wie ein Mann: „Schneller, schneller, schneller." Wenn sich dann die Tachonadel der magischen „100" näherte, brachen wir in ohrenbetäubendes Gebrüll aus, was meinem Vater möglicherweise die gefährlich ansteigenden Motorgeräusche etwas weniger bedrohlich erscheinen ließen.

Kinder dann im vorderen Teil des Wagens, da der Pedaldruck auf die Backenbremsen ohne jede Verzögerung übertragen wurde.

Mein Vater achtete aus diesen Gründen sehr darauf, daß auch fremde Fahrer mit dem Auto nicht schneller als 60 km/h fuhren. Es gab nur eine einzige Situation, in der er sich von einer schreienden Kinderschar zu ‚sportlicher' Fahrweise überreden ließ. Jedesmal, wenn wir aus dem

Erst 1961 erzwangen berufliche Veränderungen meines Vaters einen Neuwagenkauf; die Zeit einer vergleichsweise riesigen Familienbadewanne und noch weiterer Urlaubsfahrten begann. Mein Vater verschenkte damals unseren kleinen Wagen aus Jörgen Skafte Rasmussens „Dampf-Kessel-Werken" an eine Nachbarsfamilie, die ihn später weiterverkaufte. Wir wissen leider nicht, was aus ihm geworden ist.

F. W. Bernstein

Der Letzte

Abgesang auf ein Kultauto, dessen Bau eingestellt wird

Uns wird in alten Mären
wunder was erzählt,
von Automobilen, von schweren,
die wären sehr zu verehren;
Herr Gott – wie's Dir gefällt.

Von Zwölf-Zylinder-Maschinen,
von Daimler und von Benz,
schwarzglänzenden Limousinen,
man betet noch heute zu ihnen;
Herr Gott – Deine Konkurrenz!

Ich will vom R4 nur singen,
den gibt es nicht mehr lang,
ich sing nicht von heiligen Dingen,
nur Weltschmerz wird etwas durchdringen
diesen Abschiedsgesang.

Ich singe als ein ganz schlichter
Poet – und ich zitier:
„Was aber bleibet, stiftet der Dichter",
dies Kränzelein auch flicht er
dem – wem schon? – dem R4.

Als König Adenauer
sich mit de Gaulle vermählt',
da baute zum Glück ein schlauer
französischer Autobauer
das Ding, was uns grad noch gefehlt.

Die bei den ersten waren,
zu Adenauers Zeit,
und mit dem R4 gefahren,
sind heute mit schlohweißen Haaren
wohl eine Persönlichkeit.

Damals, da wurde geboren,
wer heute R4 fährt.
Doch werden die auch Direktoren,
Autoren und Professoren,
so wie sich das gehört?

Es brummen und brettern die tollen
Wagen dahin und daher.
Doch die, die wir haben wollen,
die alten bedeutungsvollen,
die gibt es nun bald nicht mehr.

Es flitzen die neueren Kisten,
doch es kommt nicht auf sie an.
Wer so einen fährt, der vergißt ihn,
das sind keine Avantgardisten.
Ach, schau sie Dir doch nur an!

Das neueste Auto – vergiß es.
Sonst reut Dich noch der Kauf.
Der Dings, der R4, das isses!
Der hatte noch so was Gewisses!
Da ruhte ein Segen drauf.

Wenn Sie mich schon so fragen:
Die haben doch nur noch Schund.
Verlocken den Deppen und tragen
Dich rein in der buhlenden Wagen
farbig klingenden Schlund.

Dort drüben, da fährt wieder einer
wohl über den Moritz-Platz,
so ein viereckiger, ein kleiner,
robuster und ungemeiner
fahrbarer Untersatz.

O staubige Autolegende,
O klappernde Blech-Utopie!
Bald geht es mit uns zu Ende.
Es schwinden die Restbestände;
es bleibt die Poesie.

Einer Puppe gleicht wohl die Ente,
so lieblich, so niedlich, so sweet,
Der Käfer, die andre Legende,
war der Wackere, der Patente.
So viel zum Unterschied.

Ich habe nie einen besessen.
Mein erster war ein Ford.
Wär's ein R4 gewesen,
hätt ich ihn nicht so vergessen,
den vergißt man nicht sofort.

Von allen, die ihn besessen,
keiner hatte ihn neu;
nach menschlichem Ermessen
ist das immer so gewesen.
Und keiner blieb ihm treu.

Es gibt, so möchte mir scheinen
in meinem poetischen Wahn,
in der ganzen Welt nur einen,
verteilt auf die Großen und Kleinen -
ein Wunder? Sieh einer an!

Und seh ich die rostigen Stellen,
sie sind seine schönste Zier,
und die vielen kleineren Dellen,
die Tränen im Auge mir schwellen:
Tatsächlich – ein alter R4.

Und seh ich die größeren Beulen
im schlechten französischen Blech,
dann trifft es mich selbst wie mit Keulen;
ich möchte am liebsten losheulen,
bevor ich zusammenbrech.

Es schwinden langlebige Güter,
und Staaten machen Bankrott.
Bald stirbt auch der schnellste Brüter,
erhitzt nicht mehr unsere Gemüter.
Dann geht es vollends flott.

Wie Rauch vor starken Winden,
wie Schaum vom goldenen Bier,
so wird auch er einst verschwinden,
und niemand wird ihn mehr finden,
den – weiß schon! – den R4.

Der Morgen, das ist meine Freude,
da seh ich in früher Stund
die vielen Autos und Leute.
Noch ist kein R4 in der Meute,
das freut mich aus Herzensgrund.

Besonders in größeren Städten,
doch auch auf dem flachen Land
gab's wenige, die ihn verschmähten.
Auf Universitäten
er auch viele Fahrer fand.

Sozialdemokratische Lehrer
fuhren damit an die Front;
es fuhren viel wackre Aufklärer,
Genossen und Stones-Verehrer -
so war man es gewohnt.

Sie führen am liebsten noch immer,
sie führen am Ende noch weit,
und immer ungestümer
ging's weiter, sie hielten nimmer
bis in die Ewigkeit.

Doch ach! Nichts ist von Dauer!
Vorüber! Vorbei! C'est la vie!
Die Zeiten, sie werden rauher,
doch die Mitscherlichkeit zur Trauer,
die haben wir irgendwie!

Ich liebe gemischte Gefühle,
die ruft der R4 in mir wach.
Liebe und Spaß und schawüle
Lüste und Ärger und Kühle,
Wut und Ach und Krach.

Die typischen R4-Insassen,
ach, wenn ich die schon seh!
Wie sie – ruckel! – die Karre anlassen.
Da ziehn sie dahin ihre Straßen.
Da packt mich ein wildes Weh!

Sie heißen Uwe und Ulli
und Gabi – 's ist eh alles gleich.
Und Steffi, die fährt einen Bulli,
mit Andi fahrn sie im Juli
runter nach Südfrankreich.

Auch der Karre geben sie Namen,
dem nützlichen Gerät.
Man soll es nicht nachahmen!
Ich muß sie streng verdammen,
die Sentimentalität.

Ist es nicht furchterregend,
wenn einer SCHNUCKEL draufschreibt
und fährt damit durch die Gegend,
solch kitschige Kulte pflegend,
und dann noch ungestraft bleibt?

Er hat sich ja etwas gegeben,
der arge R4-Humor.
Es war schon schwer daneben,
so netten Scheiß draufzukleben.
's kommt heute seltener vor.

Jetzt heißt es Abschied nehmen.
Mir wird so blöd zumut.
Ich werd mich sicher grämen,
mich meiner Tränen schämen.
Nu aber! Is ja gut!

Erst sterben unsere Wälder,
und dann stirbt das Klavier.
Dann wird es allmählich kälter.
Still steht ein Feuermelder.
Und leer läuft ein R4.

Weh! Aber der Kleine muß sterben,
der blecherne Gesell.
Ach, alles fällt in Scherben
und rauscht – ZISCH – ins Verderben,
und dann geht's vollends schnell.

Bald gibt es keine Wale
und keine Raketen mehr.
Dann wird mit einem Male
das Licht ausgehen im Saale,
und die Erde ist wüst und leer.

Und woher nehmen wir jetzt den
nötigen seelischen Trost?
Er war doch einer der letzten
libidinös besetzten
Gegenstände! Prost!

Für den Letzten schlägt auch die Stunde,
sie schlägt vielleicht schon bald.
Den letzten beißen die Hunde,
und stille wird's in der Runde,
und aus dem Kühler weht's kalt.

Der letzte von allen R4en
– wir sind dann alle schon tot –,
wen wird sein Abgang noch rühren?
Wer wird den Abschiedsschmerz spüren,
wenn er klappert mit allen fünf Türen?
Ach Gott – fahr ihn liebreich zu Schrott.

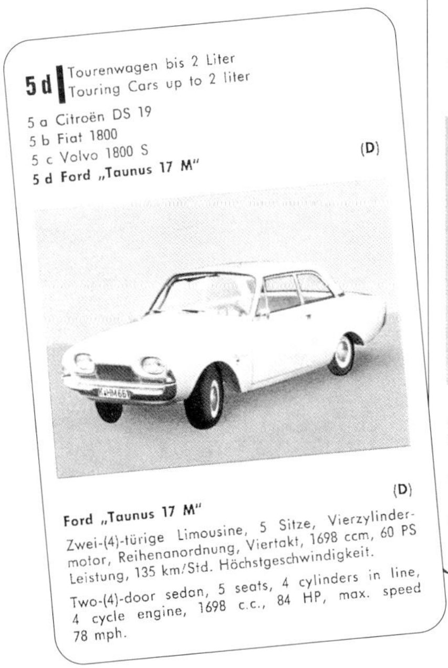

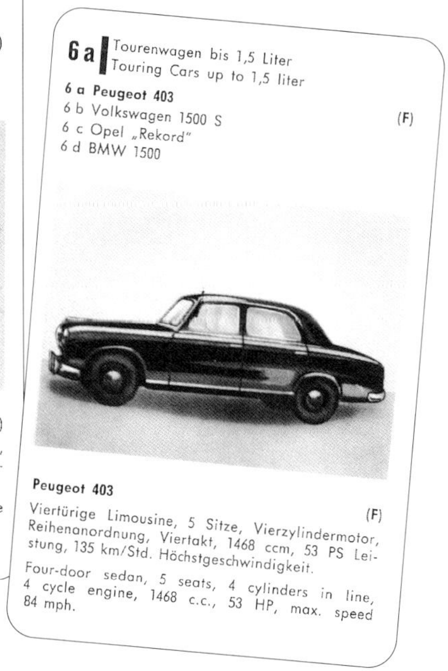

Manfred Caroselli

Freispruch für den Damensitz

Die Gesellschaft macht mobil

1950

Fünf Jahre nach Ende des Krieges werden die Lebensmittelkarten abgeschafft, und der Westdeutsche träumt wieder davon, sich zu motorisieren. 200.000 Bundesbürger arbeiten bereits in wiederaufgebauten Autowerken. Sie produzieren zumeist Vorkriegsmodelle wie Ford Taunus, DKW Meisterklasse, Mercedes 170 und VW Käfer. Der kostet 4.400 Mark – sehr preiswert verglichen mit dem zugehörigen Autosuper mit sechs Röhren und sieben Kreisen für 485 Mark.

Es gibt aber auch drei Neukonstruktionen. Der dynamische Ingenieur Carl F.W. Borgward, 13. Kind eines Kohlenhändlers aus Altona, baut schon seit 1949 den Hansa 1500, den ersten deutschen Wagen mit Pontonkarosserie. Porsche beginnt in Stuttgart mit der Serienproduktion des 356 mit luftgekühltem Heckmotor. In Österreich hatte man bereits 50 Exemplare von Hand aus Aluminium gedengelt. Aus Aluminium ist auch das Minikleid des Kleinschnittger F 125 – des ersten deutschen Kleinstwagens. Das zweisitzige „Kuchenblech auf Rädern" wiegt nur 150 kg und wird von einem Motorrad-Motor mit 4,5 PS angetrieben. Es kostet 1.995 DM.

Unerhört: Der Benzinpreis steigt. Der ADAC haut auf die Pauke: „Kraftfahrer werde hart!" Ein paar demonstrie-

Auf Lebensmittelkarten gab es 1947 die abgebildete Tagesration in der amerikanischen Zone.

Vater und Sohn Porsche mit dem ersten handgefertigten Porsche Sport-Typ 356

ren, natürlich umsonst. Auch die Volkswagensparer fordern Gerechtigkeit. Sie hatten ab 1938 Sparmarken für Hitlers KdF-Wagen geklebt. Aber statt des Käfers kam der Krieg.

1951

In Frankfurt findet die erste Internationale Automobilausstellung nach dem Krieg statt. Bundeskanzler Adenauer lobt die deutsche Autoindustrie: „Was für eine Kraft, was für ein Arbeitswille und was für Fähigkeiten der Hand und des Kopfes im deutschen Unternehmer und deutschen Arbeiter stecken!" Sehr angetan ist der „Alte" auch von einem neuen Modell auf dem Mercedes-Stand: dem Mercedes 300. Der Nobelschlitten wird zur Bonner Staatskarosse und heißt später kurz „Adenauer-Mercedes". Zum Auto des „kleinen Mannes" wird jedoch der „Leukoplastbomber": Der Lloyd 300, mit einer Karosserie aus Holz und Kunstleder, kostet nur 3.334 DM und erobert Platz drei der Zulassungsliste.

Bundeskanzler Adenauer läßt sich auf der Messe das Fahrgestell des Mercedes Unimog erklären.

Neues Zubehör hält Einzug: Blinklichtanlagen ersetzen den Winker, Zusatzscheinwerfer (Nebel oder Fern) sind in, und wer will, kann sich einen Scheibenwascher mit Gummipumpe einbauen.

An der Autobahn tauchen die ersten Notrufsäulen auf. Hilferufe auch aus den Autofabriken: Wegen Kohle- und Energiemangel muß im Sommer Kurzarbeit eingeführt werden.

Die Motorsportler sind dagegen gut drauf: Beim Großen Preis von Argentinien rennen zum ersten Mal wieder drei Mercedes-Siberpfeile mit. Und Wilhelm Herz fährt auf einer NSU-Kompressor-Maschine 290 km/h: Weltrekord für Motorräder.

1952

Die Republik hat wieder eine Nationalhymne: die dritte Strophe des Deutschlandliedes. Einigkeit ist auch eine Devise des Freiwilligen Kameradschaftsdienstes, zu dem der ADAC seine Mitglieder aufruft – mit großem Erfolg.

1952 gibt es schon 17.000 Tankstellen in der Bundesrepublik, die erste katalytische Crackanlage läuft an, Dunlop kommt mit dem M+S-Reifen, und in Düsseldorf wird das erste Parkhaus nach dem Krieg gebaut. Der 12 M ist der erste Ford mit Pontonkarosse und der große 501 das erste BMW-Auto nach dem Krieg.

In Hannover steht eine junge Dame vor Gericht, weil sie angeblich die StVO übertreten hat: Sie fuhr – wie viele andere Frauen auch – im Damensitz auf dem Sozius ei-

Die Inszenierung einer Brückeneinweihung (1952 in Ingolstadt mit einem DKW-Korso) weist Parallelen zu gerade zehn Jahre zurückliegenden Einmärschen auf.

nes Motorrollers. Der Musterprozeß endet mit einem Freispruch. Denn schließlich hat das Düsenzeitalter begonnen: die britische „Comet", der erste Passagierjet, fliegt in vier Stunden und 46 Minuten von Rom nach London.

1953

Der „Kampf um den letzten Fußgänger" beginnt: Das NSU Quickly kommt auf den Markt und wird zum meistgekauften deutschen Moped. Vespa und Lambretta sind die erfolgreichsten Motorroller, und auch im Messerschmitt Kabinenroller sitzt man hintereinander, aber mit Dach über dem Kopf. 2.100 Mark kostet das Vergnügen.

Der Kombi ist da: Opel stellt den CaraVan vor, in Amerika als *station wagon* bekannt. Aber es geht auch umgekehrt: Der VW Käfer erobert den US-Markt, und Brasilien erlaubt VW den Bau eines Tochterwerkes.

1954

Auf dem deutschen Markt gibt es 23 Marken und 63 Typen. Die Hälfte der Autos hat weniger als einen Liter Hubraum, fast die Hälfte hat Lenkradschaltung. Die Autos des Jahres: der Flügeltür-Mercedes 300 SL mit einem 215 PS starken Einspritzmotor und die formschöne Borgward Isabella.

Der Sommer ist verregnet und die Unfallbilanz 1954 erschreckend: Obwohl in Westdeutschland erst 4,9 Millionen Kfz zugelassen sind, gibt es 12.071 Verkehrstote. Der ADAC verteilt eine Plakette „Friede auf der Straße", tut aber auch etwas Sinnvolles: Er baut die Straßenwacht auf. In den ersten Jahren sind die Pannenhelfer mit Beiwagenmaschinen unterwegs.

Betriebsschluß bei MAN in München. Der Käfer ist noch ein rares Vehikel, die Isetta dominiert.

1955

Die Amerikaner fahren sie schon, jetzt sind sie auch in Deutschland zu haben: die ersten schlauchlosen Reifen.

Zwei Kleinstwagen-Klassiker, das Glas Goggomobil und die BMW Isetta, tuckern auf den Markt. Wenige Monate später stellt BMW aber auch in der Oberklasse ein neues Modell vor: den 507, einen bildschönen Roadster mit acht Zylindern, der dem Mercedes 300 SL Konkurrenz machen soll. Es werden aber nur 250 Exemplare gebaut. VW dagegen feiert 1955 den millionsten Käfer.

Juan Manuel Fangio wird nach 1954 zum zweitenmal Automobil-Weltmeister auf Mercedes. Aber es kommt keine Freude auf: Einen Monat vorher war der Franzose Pierre Levegh in Le Mans mit seinem Mercedes in die Zuschauertribüne gerast. Über 80 Menschen starben. Am Ende der Saison zieht sich die deutsche Marke für viele Jahre vom Rennsport zurück.

Aber auch der Unfalltod eines Einzelnen bewegte die Welt: Filmschauspieler James Dean, Idol einer unverstandenen Jugend, starb mit 24 Jahren in seinem Porsche.

1956

Die Motorradwelle geht zu Ende, Rollermobile und Kleinwagen sind im Aufwind. Zum erstenmal werden in der Bundesrepublik mehr als eine Million Autos pro Jahr produziert.

Mit den Autos kamen die Staus: München 1956

Bosch stellt das asymmetrische Abblendlicht vor: Die rechte Hälfte der Fahrbahn wird gut ausgeleuchtet, der entgegenkommende Fahrer aber nicht geblendet.

Nahost-Krise. Kaum ist der Suezkanal blockiert, steigt der Benzinpreis auf 66 – 68 Pfennig. Während die Welt angstvoll daran denkt, daß 50.000 Atombomben bereitliegen, findet das Massensterben auf der Straße statt. Von 1950 bis 1956 fordert der Verkehr in der Bundesrepublik Deutschland 71.000 Todesopfer. Die Todesrate je Fahrzeug ist viermal höher als in den USA.

1957

Während der sowjetische Satellit Sputnik I die Erde umkreist, fehlt es bei der Massenmotorisierung am nötigen Kleingeld. Zündapp Janus, Fuldamobil, Victoria Spatz – immer noch erscheinen neue Mini-Mobile auf dem deutschen Markt. Aber der Trend geht zum größeren Fahrzeug. Das erste Auto von NSU liegt genau richtig: Der

Keine Rush-hour: morgendliche Bierlieferung, geruhsam

Prinz ist eine kleine viersitzige Limousine mit viel Platz und viel Temperament für wenig Geld. Der Zweizylinder-Motor sitzt im Heck.

Die DDR-Bürger können sich noch weniger leisten, trotzdem stellen die Horch-Werke in Zwickau eine Luxuslimousine vor: Der Sachsenring P 240 sieht wie ein amerikanischer Straßenkreuzer aus. Die meisten der 1.400 Exemplare gehen an Staatsfunktionäre im Ostblock.

Das war schon lange fällig. Der Bundestag beschließt: Ab 1. September gilt in geschlossenen Ortschaften Tempo 50.

1958

Am 2. Januar beginnt eine neue Abteilung des Kraftfahrt-Bundesamtes ihre Arbeit: Auffällige Autofahrer landen in der Verkehrssünderkartei. Der Punktestand in Flensburg ist in Zukunft so wichtig wie der Stand des Bankkontos.

Der Wohlstand gibt sich ein Stelldichein: Iffezheim 1958

Die Technik triumphiert: das Atomium in Brüssel, Stereo auf der Schallplatte, die Autobahn über den Brenner. Aber die Verkehrstechniker streiten sich, ob man in der Stadt mit Standlicht oder Abblendlicht fahren soll.

Der Trabant ist da, mit einer Karosserie aus Duroplast, zwei Zylindern, Zweitakt, Frontantrieb. Er wird zum Volkswagen der DDR und bis 1989 gebaut.

1959

Neue Modelle haben Trapezform: BMW 700, DKW Junior, Lloyd Arabella. Aus dem Ausland kommen zwei Konstruktionen, die zu Meilensteinen der Automobiltechnik werden: Der holländische DAF 600 ist der erste Kleinwagen mit stufenloser Automatik und der englische Morris Mini von Alec Issigonis der Urahn aller modernen Kleinwagen mit Quermotor und Frontantrieb.

Aber auch zu Wasser macht die Technik einen Quantensprung: Die ersten Luftkissenschiffe werden in Dienst gestellt.

1960

Das ist das Jahr der Börsianer. Deutsche Autoaktien boomen. Das Daimler-Benz-Papier steigt im Juni auf 5.000. Zwei Jahre später fallen die Kurse ins Bodenlose.

Nach der Trapezlinie kommt die Stromlinie: Der neue Ford 17 M hat zum erstenmal ein europäisches Design und erhält den Beinamen „Badewanne". Zum erstenmal hat auch ein Auto keine Kette, sondern einen Zahnriemen zum Antrieb der Nockenwelle. Es ist der Glas 1004, mit dem die Dingolfinger Goggo-Fabrik in die untere Mittelklasse einsteigt.

1961

Juri Gagarin umkreist als erster Mensch mit dem Raumschiff Wostok I die Erde. Aber da unten sieht es schlecht aus: Der Vietnamkrieg beginnt, die Berliner Mauer wird gebaut, und in der Bundesrepublik sind 1961 bereits 14.209 Verkehrstote zu beklagen. Ein Tempolimit wird diskutiert – ohne Ergebnis.

1961 trauert Deutschland auch um seinen besten Rennfahrer: Wolfgang Graf Berghe von Trips verunglückt tödlich in Monza. Auf der Trauerfeier versucht ADAC-Präsident Bretz „einen Sinn darin zu sehen, daß das Schicksal den Besten, den Strahlendsten unter allen mutigen Männern von uns verlangte." So ist das damals üblich.

VW beendet die Monokultur des Käfers und stellt einen Mittelklassewagen vor: den VW 1500. Aber auch er hat einen luftgekühlten Heckmotor und säuft zu viel Benzin.

Noch so viele Glücksbringer vermochten Borgward nicht mehr zu helfen.

1960 wurde das Volkswagenwerk privatisiert, nun reißen sich 1,5 Mio. Käufer um die neue VW-Aktie. Die Borgward-Werke in Bremen dagegen müssen Konkurs anmelden; der geniale Konstrukteur hat sich finanziell übernommen.

1962

Antibaby-Pille, Sexwelle, Sturmflut an der Nordsee, Spiegel-Affäre, Notstandsgesetze – ein unruhiges Jahr. Dann stirbt auch noch Marilyn Monroe. Ludwig Erhard, Erfinder des deutschen Wirtschaftswunders, ruft die Sozialpartner zum Maßhalten auf. Die Autobahn Hamburg-Frankfurt-München wird nach drei Jahrzehnten Bauzeit fertig, und die Autofahrer können jetzt das ganze Jahr über mit der Fähre nach Schweden fahren.

Stau-Schau auf der Autobahn Karlsruhe – Frankfurt

BMW hat endlich Mut zur Mitte und baut den 1500, einen modernen Mittelklassewagen, Grundstein für den anhaltenden Erfolg der Firma.

1963

Adenauer tritt zurück, Kennedy wird in seinem Lincoln erschossen. Die Welt hält den Atem an, dann drehen sich die Räder weiter. Ford baut den 60millionsten Wagen, General Motors den 50millionsten Chevrolet, die deutsche Autoindustrie mehr Autos als je. Symbol für den Drive in der Motorisierung ist der neue Porsche 911, ein Sportcoupé mit einem 130 PS starken Sechszylinder im Heck. Der Wagen läuft 210 km/h, wird zum Kultauto für Männer und ist auch heute noch im Programm – mit 272 und 300 PS.

Jahrelang hieß es in den Auto-Preislisten „4.999 DM + Heizung 180 DM + Lenkradschloß 50 DM" usw. Jetzt hat das Bundeskartellamt genug: Die Firmen müssen Komplettpreise angeben. Da sehen die Zahlen schon anders aus. Immerhin: Der westdeutsche Arbeiter kann sich nach 1.507 Arbeitsstunden einen Pkw kaufen.

1964

Die Beatles elektrisieren die Welt, und England soll uns auch sonst näher kommen: Der Kanaltunnel, seit 1750 geplant, soll jetzt gebaut und 1970 fertig werden. Es wird aber 1994.

Dafür werden die Autobahnen in ganz Europa immer länger; Deutschland hat mit 3.100 km das größte Netz. Die ersten Zebrastreifen für Fußgänger werden aufgemalt, Düsseldorf testet die Parkscheibe, und in Mülheim an der Ruhr bekommen Brautpaare einen Parkschein für einen Platz vor dem Standesamt.

Der ADAC prüft Scheinwerfer, Bremsen, Reifen und Tacho, führt den Notruf München 22 22 22 ein und testet „rostfreies" Streusalz.

Endlich ist er da: der NSU Wankel-Spider, das erste Auto mit dem Rotationskolbenmotor von Felix Wankel. Keine Kolben, sondern eine Scheibe. Die ersten Spider bleiben häufig stehen, die späteren sind zuverlässiger.

Endlich ist auch sie da: der Stolz der Nation, die schwarze, sechssitzige deutsche Luxuslimousine. Der neue Mercedes 600 hat acht Zylinder und kostet 56.500 DM. Er ist 5,54 m lang, der Pullman 6,24 m.

Bei vielen Autos kann man Scheibenbremsen für ca. 150 DM Aufpreis haben, ein automatisches Getriebe bei Mercedes und beim Opel Kapitän für 1.300 – 1.400 DM. Renault bietet schon eines für 400 DM an, es funktioniert elektromagnetisch.

1965

In München findet die Weltausstellung des Verkehrs statt – von der Ampel bis zur Bergbahn. Auf der Strecke München-Augsburg fährt ein Zug über 200 km/h. Der Montblanc-Tunnel wird eröffnet, mit 12 km die längste Autoröhre der Welt.

12-Volt-Anlagen lösen 6 Volt ab, die Parkscheibe bedrängt die Parkuhr, und Audi läßt den Zweitakter sterben. In Berlin bietet ein Autokino Plätze für 1.030 Wagen.

Der ADAC beschwört im „Manifest der Kraftfahrt" den Segen des technischen Fortschritts und verlangt mehr Geld für den Straßenbau. Umsonst: Die Autofahrer werden vom Staat immer mehr geschröpft. Erfolgreicher ist der Club mit seinen Forderungen nach sicheren Autos: zusammen mit dem Heidelberger Unfallforscher Dr. Gögler werden 20 Pkw auf ihre innere Sicherheit getestet. Ergebnis: katastrophal.

1966

Aus England kommt der Minirock, aus Japan ein Mini-Sportwagen: Der Honda S 800 ist der erste Japaner, der in Europa Furore macht. Eine Sensation ist auch der amerikanische Chaparral: Zum erstenmal siegt ein Automatik-Wagen bei einem großen Rennen, den 1.000 km auf dem Nürburgring.

In Nürnberg arbeitet die erste Shredder-Anlage in Deutschland, in Ingolstadt trifft über die Transalpine-Pipeline das erste Öl aus Triest ein, und bei BMW gibt es die ersten Leasing-Autos.

Sechsspuriger Ausbau der Autobahn Köln – Bonn

Die Nebelschlußleuchte wird nach langem Kampf zugelassen, für Fern- und Nebelleuchten gibt es Halogenlampen, und jeder Autofahrer muß einen Verbandskasten mitführen. Kindersitze, die der ADAC testet, sind fast alle unsicher.

1967

Star der Frankfurter IAA ist eine große Limousine aus einem kleinen Werk: der NSU Ro 80. Unter dem eleganten, aerodynamisch geformten Blechkleid steckt ein Zweischeiben-Wankelmotor mit 115 PS. Leider erweist er sich als durstig und reparaturanfällig. Der Ro 80 wird zehn Jahre lang gebaut.

Die Autos werden technisch besser ausgestattet: Zweikreisbremse und Sicherheitslenksäule werden Standard. Heizbare Heckscheiben gibt es schon ab 50 DM Aufpreis. Aber warum haben die Neuwagen keine Sicherheitsgurte wie in den USA? Der ADAC verkauft welche zum nachträglichen Einbau und bricht die hohen Preise.

1968

In der Bundesrepublik gibt es jetzt 14,5 Millionen Pkw, und 12,5 Millionen Deutsche fahren mit dem Auto in den Urlaub.

Alle hoffen, daß die neuen Notstandsgesetze niemals angewendet werden. Denn dann könnte auch der Verkehr beschränkt, das Benzin rationiert oder das Auto beschlagnahmt werden.

VW bleibt sich treu und baut auch in sein großes Auto einen luftgekühlten Heckmotor ein, obwohl das Prinzip längst veraltet ist. Der 411 („Nasenbär") wird bis 1974 verkauft.

1969

Der Mensch landet auf dem Mond, aber die Autos rosten nach wie vor. Nachträglicher Unterbodenschutz und Hohlraumversiegelung sind ein gutes Geschäft für eine ganze Branche.

Willi Brandt wird Bundeskanzler, die Autos werden 6 – 8 Prozent teurer, und Verkehrssünder können jetzt auch von der Polizei abkassiert werden. Verwarnungen kosten fünf bis 20 DM, Bußgelder gibt es von 40 bis 300 DM.

Mitten ins Herz vieler Autofahrer trifft der Ford Capri, ein viersitziges Coupé mit Fastback. Die Damenpistole ist in diversen PS-Stärken zu haben und wird zu einem Verkaufsschlager in ganz Europa und Amerika.

Es gibt 46.700 Tankstellen, und auch Supermärkte verkaufen jetzt Benzin. Billig, aber nicht immer gut.

1970

Über den Wolken ist die Freiheit grenzenlos: Die ersten Jumbo-Jets vom Typ Boeing 747 fliegen zwischen Amerika und Europa. In den Städten aber wird es immer enger. Wiesbaden führt als erste Großstadt separate Busspuren ein, auf denen private Autos nichts zu suchen haben.

Die Unfallstatistik wartet mit einem traurigen Rekord auf: 19.123 Verkehrstote. Immerhin muß jetzt jeder Autofahrer ein Warndreieck mitführen. Der ADAC stellt seinen ersten Rettungshubschrauber in Dienst, eine BO 105, und entlarvt aufsteckbare Kopfstützen in einem Test als unsicher und gefährlich.

Im VW-Werk Puebla (Mexiko) Stück für Stück von Hand bemalt: Der Hippie-Käfer

Das Volkswagenwerk steigt auf den Zug der Zeit auf: Der neue K 70 ist der erste VW mit wassergekühltem Motor und Frontantrieb.

1971

Willi Brandt erhält den Friedensnobelpreis, aber in Deutschland ist Krieg: Die Linksradikalen beginnen mit dem Bombenterror. Autofahren soll endlich sicherer

Die Freizeitgesellschaft fährt im Jeans-Käfer in den Urlaub.

werden. Daimler-Benz und VW stellen Sicherheitsautos vor, das Antiblockiersystem von Daimler und Teldix ist serienreif, reflektierende Nummernschilder werden zugelassen, und ein neuer Bußgeldkatalog macht Verkehrssünden teuer.

VW baut 1971 über 2 Millionen Neuwagen, und 1,1 Millionen Altwagen werden in Deutschland verschrottet. Die Offensive der Japaner beginnt: Toyota bietet sein Erfolgsmodell Corolla jetzt auch auf dem deutschen Markt an.

Auf der Autobahn Hamburg-Kiel gibt es viele Tote und Verletzte: Ein Charterflugzeug ist im Verkehr notgelandet.

1972

Apollo 16 startet, die Mondfähre Orion landet, und die US-Astronauten fahren mit einem Auto über den Mond.

Auf deutschen Landstraßen wird dagegen das Tempo gebremst: Ab 1. Oktober 1972 gilt hier Tempo 100.

In 13 europäischen Ländern müssen neue Autos Sicherheitsgurte haben. Worauf wartet Bonn? Unfallforscher sagen: Mit Gurt wären von vier Toten noch zwei am Leben. Der ADAC veröffentlicht schockierende Fotos von Toten und Verletzten.

Mercedes stellt die neue S-Klasse vor, und der VW-Konzern beginnt, Autos aus dem Baukasten zu bauen: Der Audi 80 ist der Bruder des VW Passat von 1973. Aber auch der Käfer ist noch da. Am 17. Februar wird Nr. 15.007.034 gebaut und damit der Produktionsrekord des Ford Modell T („Tin Lizzy") gebrochen.

1971 hatten ADAC und „stern" zum erstenmal Autowerkstätten getestet. Unglaublich: Von zehn Inspektionsarbeiten werden nur sechs gemacht. Eine Folge: 1972 gibt es bereits 24 Schiedsstellen für das Kfz-Handwerk.

Made in Germany ist auch sonst nicht mehr so attraktiv wie früher. Jeder vierte Autokäufer legt sich ein Importauto zu. Vor sechs Jahren war es nur jeder zehnte, vor 20 Jahren wäre man als Volksschädling beschimpft worden. Aber die deutschen Autohersteller sind selbst schuld: Ihre Aufpreispolitik treibt die Kunden ins ausländische Lager.

München baut für die Olympischen Spiele Fußgängerzonen, U-Bahn und S-Bahn. Der Bleigehalt im Benzin wird auf 0,4 g pro Liter begrenzt. An manchen Autobahn-Raststätten gibt es sogar „Bleifrei": Bier ohne Alkohol.

1973

Das Leben wird teuer, die Preise liegen 7,4 Prozent über dem Vorjahr. Bei Ford und Opel streiken die Arbeiter und erhalten eine Zulage.

Nach jahrelangem Hin und Her wird die 0,8-Promille-Grenze eingeführt. Und in jedem Auto muß ein genormter Verbandkasten vorhanden sein.

Bosch stellt die Lambda-Sonde vor und liefert den Autoherstellern die K-Jetronic, eine neue mechanische Einspritzanlage. In aller Welt wird klar: Autos müssen sparsamer werden, und wir brauchen neue Energiequellen.

Denn über Nacht ist die Ölkrise da. Als Waffe im Nahost-Konflikt mit Israel drosseln die OPEC-Staaten die Ölförderung und erhöhen den Preis. Viele Länder erlassen Verkehrsbeschränkungen. In Deutschland darf man auf der Autobahn nur 100 fahren, und an mehreren Sonntagen herrscht absolutes Fahrverbot. Viele finden es schön. Die Räder stehen still, aber die Erde dreht sich weiter.

Auto-AutorInnen

Jutta Aurahs, 1950 in Pasewalk/Mecklenburg-Vorpommern geboren, seit 1972 in München zu Hause, Redakteurin mit den Spezialgebieten Natur und Tiere.

Sanka-Fahrer ***Carl-Walter Bauer***, Jahrgang 1947, ist heute Chefredakteur der Rotkreuz-Publikationen des DRK-Präsidiums in Bonn.

Hermann Beckfeld, Jahrgang 1955, Sozialwissenschafts- und Sportstudent (seit 1984 mit Fußballehrer-Lizenz), wohnt in Bottrop, arbeitet in Dortmund für das Wochenend-Magazin „Das Bunte Journal".

Davide Bentivoglio, 1938 in den italienischen Dolomiten geboren, seit 1956 in Deutschland, seit 1963 Fotojournalist in Witten/Ruhr.

Norbert Bicher, geboren 1951 im Sauerland, studierte Germanistik, Theatergeschichte und die Innereien des VW in Bochum, ist heute Korrespondent der Westfälischen Rundschau in Bonn.

Angelika Boese, 1945 in Fischbachau geboren (und Urenkelin der „schönen Münchnerin" Helene Sedlmayr), Schulzeit in München, ab 1967 Volontärin und Redakteurin in Dortmund, seit 1970 wieder in München.

Christine Bonath, geboren 1958 im hessischen Langen, lebt in Bonn und ist in der Presse- und Öffentlichkeitsarbeit tätig.

Aus einer Winzerfamilie aus Piesport an der Mosel entstammt ***Edgar Breit,*** Jahrgang 1941. Daselbst ist er seit 1968 Fahrlehrer, seit 1979 in der Kommunalpolitik, seit 1994 Bürgermeister.

Manfred Caroselli, seit 1964 Redakteur bei der ADAC-Motorwelt, von 1979-1996 Mitglied der Chefredaktion, schrieb Auto- und Reisetests, führte den Crash-Test ein, kämpfte für Sicherheitsgurt, Sicherheitszelle und Katalysator.

Der frühe Urlaubsreisende ***Dr. Ludger Claßen,*** Jahrgang 1953, lebt in Essen und ist geschäftsführend in der Buchbranche tätig.

Und auch aus seinem jüngeren Bruder wurde was: ***Dr. Martin Claßen,*** Jahrgang 1956, der frühreife Seifenkistenkonstrukteur, ist jetzt Oberarzt für Kinderheilkunde am Krankenhaus Links der Weser in Bremen.

Birgit Cremers, Jahrgang 1945, war nach Studium von Literaturwissenschaft, Kunstgeschichte und Philosophie 20 Jahre lang als Journalistin für die Welt zwischen Pellworm und Peking unterwegs. Seit 1993 arbeitet sie freiberuflich in Bonn – Themen: Kultur und Tourismus.

Rudolf Dietrich, 1936 in Friedrichshafen am Bodensee geboren, arbeitete als gelernter Schriftsetzer in Zürich, Genf und Paris, 1960-62 Bayr. Staatslehranstalt für Fotografie, seit 1962 freier Fotograf in München.

Peter Fischer, Jahrgang 1939, zur Zeit seines ersten Autos 20 und junger Streifenpolizist in Hamburg. Studierte später Jura, ist heute Chefredakteur des Münchner Merkurs.

Die ***Förgs*** sind Mutter ***Grit,*** geboren 1926, Studienrätin a.D. in Kempten/Allgäu, und Tochter ***Nicola***, geboren 1962 und freie Journalistin in Mering bei Augsburg.

Eberhard Grosse, Jahrgang 1944, kommt aus Erfurt, fährt sein mittlerweile 10. Auto und arbeitet als Redakteur und Ressortleiter der Südwestpresse in Ulm.

Jürgen Hanefeld, Baujahr 1956, verließ sich jahrelang auf Großmutters Versprechen, dem Enkel im Falle eines Lottogewinns den ersehnten Jaguar E zu schenken, mußte sich aber mit der realistischen Lösung begnügen: R 4. Früher Verkehrsredakteur, heute in der politischen Redaktion des NDR-Hörfunks in Hamburg.

Ludwig Harig, 1927 in Sulzbach/Saar geboren, wohnhaft daselbst, von 1950-70 Volksschullehrer, seitdem freiberuflicher, mit zahlreichen Preisen bedachter Schriftsteller: Hörspiele, Essays, Romane.

Ermano Hoepner, geboren in Flensburg an der dänischen Grenze, aufgewachsen in Italien (Mailand), Führerschein seit 1945, Journalist in Hamburg, Bonn und München, jetzt am Chiemsee zu Hause.

Eberhard Holz ist seit 40 Jahren freier Karikaturist, wohnt seit 35 Jahren in Beaulieu sur Mer nahe Nizza, besitzt den deutschen und den französischen Führerschein, ist aber seit 30 Jahren militanter Fußgänger.

Ford-12-M-Fan ***Hans-Herbert Holzamer,*** geboren 1945 in Marburg, Rechtsanwalt, landete nach zwei Jahren Bundeshaus im Journalismus, zunächst bei der Welt, heute Ressortleiter bei der Süddeutschen Zeitung in München.

Pastorensohn ***Matthias Hoppe*** aus Leverkusen, Jahrgang 1952, ist Zeitschriftenredakteur und Kinderbuchautor in München.

Weltumrunder ***Horst-Eberhard Hütt,*** Jahrgang 1932, startete 1954 als Volontär bei den Ruhrnachrichten in Dortmund, ist heute als echter Oldtimer immer noch dabei: als Schreibtischtäter in der Chefredaktion, der gerne an die globetrottende Zeit zurückdenkt.

Beatles- und VW-Fan ***Wolfgang Klebe***, 1952 in Celle geboren, 30 Jahre Irrungen & Wirrungen, u.a. als Student und Schallplattenverkäufer, seit 1993 Chefredakteur der Musikzeitschrift „Indigo Notes"; wohnt in Bremen, arbeitet in Hamburg – hin & zurück im IC.

Drehorgel-Rolf wurde interviewt von ***Uwe Köster,*** Jahrgang 1961, Sportjournalist in Leipzig, erstes Auto 1988: ein Trabi.

Gert Kreyssig, 1926 in München geboren, war 40 Jahre lang Redakteur und Ressortleiter bei der Süddeutschen Zeitung mit den Spezialgebieten Tourismus und Alpinismus.

Michael Kriegeskorte studierte Angewandte Kunst, Kunst und Kunstgeschichte, arbeitete in verschiedenen Werbeagenturen und in Buchverlagen. Heute als freier Produktioner und Autor in Bergisch Gladbach wohnhaft.

Ludwig Krüger, 59 Jahre alt, geboren in Stettin, seit 35 Jahren in Hamburg, Journalist, Führerschein seit 1955, ca. 20.000 km/Jahr, bisher unfallfrei.

Dr. Ludwig Merkle, 1928 in München geboren, Reisejournalist und Schriftsteller – bisher rund 40 Bavarica-Bücher teils geschrieben, teils herausgegeben; seine Kolumne „Trost & Rat" erscheint in der Auto-Zeitschrift „Gute Fahrt".

Dietrich Mühlner aus Berlin, geboren 1927, war von 1955 bis zum Ruhestand 1992 Journalist: Zeitung, Pressestelle, Fernsehen, aber immer in Berlin.

Henny Niessen, anno 1926 in Bad Saarow am Scharmützelsee in Brandenburg geboren, Uhrmacherlehre, Sängerin in ihrerzeit populären Gruppen wie „Nicolets", „Pingpongs", „Sunshines"; in Puchheim bei München zu Hause, fährt Käfer Cabrio, anno 1978.

Franz-Josef Oller, 1944 in Gelsenkirchen geboren, nach Redakteursjahren im Ruhrgebiet 1971 nach München, seit 1991 freier Journalist mit Schwerpunkt Reisen; wenn zu Hause, dann in Egling a.d. Paar im oberbayrischen Landkreis Landsberg.

Wer mit 18 zweimal durch die Fahrprüfung fiel und es erst 20 Jahre später noch einmal wagte, ist ***Dr. Monika Putschögl,*** geboren 1948 und Reise-Redakteurin bei der ZEIT in Hamburg; seitdem aber autolos.

Tom Redecker, geboren 1953 in Iserlohn, erstes Auto: VW-Bus, jetzt Medienarbeiter, Rock'n'Roll-Musiker (8 CDs), Multi-Instrumentalist, Produzent und Autor, wohnhaft bei Bremen.

Ralf Roman Rossberg, geboren 1934, Studium der Elektrotechnik, seit 1962 bei der Deutschen Bundesbahn, daneben freier Publizist und Buchautor, wohnt in Murnau.

Jörg Roth, geboren 1940, machte den Motorradführerschein 1958, den Führerschein Klasse 3 drei Jahre später, drei Fahrstunden mit Studentenrabatt; ist Reiseredakteur bei der Abendzeitung in München.

Reporter und Chevrolet-Fahrer in New York war ***Hans Schiemann,*** Jahrgang 47, geboren in Itzehoe, jetzt Chef vom Dienst beim Rheinischen Merkur in Bonn.

Wolfgang Schöller, Jahrgang 1943, organisiert seit 1968 die „Essen-Motor-Show", eine Sport-, Rennwagen- und Oldtimer-Ausstellung: die Nr. 2 unter den deutschen Automessen nach der IAA.

Michael Schreiner, 1960 geboren, im Saarland aufgewachsen und vom Peugeot-fahrenden Vater geprägt. Lebt als Journalist in Augsburg.

Helga Sieg, geboren 1939 in Köln, aufgewachsen im Westerwald, Kaufmannslehre, in Bonn Redakteurin bei Radio Free Europe, heute Büro-Managerin im Büro Bonn der New York Times.

Peter Studhalter, in Luzern geboren, Lehrerausbildung, Germanistikstudium, anschließend Werbetexter; lebt heute als freier Drehbuchautor in Köln und Luzern.

Motorredakteur ***Hanns-Peter Baron von Thyssen-Bornemisza,*** bei Welt und Welt am Sonntag und heute bei der BUNTEN in München, schrieb diverse Bücher über die deutsche Automobil-Historie.

Dirk Uhlenbruch, 1962 in Dortmund geboren, seit 1988 Journalist in Leutkirch im Allgäu, erstes Auto: VW-Golf (und läuft und läuft ...), Traumauto: Ferrari Testarossa (und kostet und kostet ...).

Jörg Wigand, 50, seit 34 Jahren Journalist, lebt halbjährig in Hamburg und auf den Philippinen, schreibt seit vielen Jahren Reportagen zum Thema Auto in Auto-BILD.

Auto-Zubehör

Den Text von Eugen Diesel, Sohn des Ingenieurs und Erfinders Rudolf Diesel (1858-1913), verdanken wir einem aufmerksamen Hinweis von Dipl.-Ing. Hans Straßl, Leiter der Abteilung Straßenverkehr im Deutschen Museum München, der uns auch seine subjektive „Hit-Liste" der Automobilmuseen zusammenstellte ☆ Das ‚Auto-Quartett" als roten Faden durchs ganze Buch stellte uns freundlicherweise Karl-Heinz Fritzsche aus Bad Wörishofen zu Verfügung ☆ Die Vorfahrtssituationen fanden sich im Büchlein „Verkehrsschule – Lehrbuch aller Führerscheinklassen", Ausgabe 1959, Lanser-Verlag Köln-Nippes, das Edgar Breit aus Piesport für uns auftrieb ☆ Jürgen von Mangers „Führerscheinprüfung" erschien in: „Bleibense Mensch! – Träume, Reden und Gerede des Adolf Tegtmeier", Piper-Verlag München, 1966; der Nachdruck erfolgt mit freundlicher Genehmigung von Ruth von Manger, Baunatal ☆ Dr. Gertrud Oheims Anweisungen an die Autofahrer sind in ihrem Buch „Einmaleins des guten Tons" enthalten, erstmals erschienen 1955 im C. Bertelsmann Verlag, Gütersloh. Joachim Wachtels Gedanken zum selben Thema entstammen dem 1973 im Bertelsmann Ratgeberverlag erschienenen Buch „1x1 des guten Tons heute", hier nachgedruckt mit freundlicher Genehmigung des Autors, dessen, wenngleich kein Autofahrer, wohlgefülltem Archiv wir auch die Zeitungsausschnitte zum Thema verdanken ☆ „Der Letzte – Abgesang auf ein Kultauto" von F.W. Bernstein wurde nicht ohne freundliche Genehmigung des Autors entnommen aus „Lockruf der Liebe", Haffmans-Verlag Zürich, 1988 ☆ Im Haffmans-Verlag erschien auch „Hört, hört! Das WimS-Vorlesebuch", aus dem wir die Geschichten von Robert Gernhardt und F.W. Bernstein aussuchten ☆ Ludwig Harigs Frankreich-Reise ist ein Auszug aus seiner Roman-Biographie „Wer mit den Wölfen heult, wird Wolf", Carl Hanser-Verlag München, 1996 ☆ Den Brief an den Gebrauchtwagenhändler fanden wir im Buch „Die hinterletzten Englisch-Briefe" von Ulla Renner, erschienen im Eichborn-Verlag, Frankfurt; thank you very many. ☆ Die Karte der Autobahnkirchen erschien im Rheinischen Merkur, Bonn ☆ Norbert Eberleins Passage „Schlüpferstürmer" entnahmen wir mit Wissen des Autors seinem Buch „Seidenmatt", Haffmans Verlag, Zürich ☆ Die Kinderzeichnungen sind aus dem Auto-Journal des STERN vom 21. September 1969 nachgedruckt.

Im Familienalbum suchten und fanden:

Aurahs, Jutta *Titel, 68 o.l., 69 u.l., 71, 136, 137;*
Bauer, Carl-Walter *161;*
Becker, Rolf *94, 95;*
Beckfeld, Hermann *119, 120;*
Boese, Angelika *142;*
Caroselli, Manfred *112;*
Claßen, Ludger *134, 166;*
Cremers, Birgit *139, 140;*
Förg, Grit *67, 72;*
Hanefeld, Jürgen *117, 157;*
Harig, Ludwig *30, 31;*
Herterich-Appelmann, Anni *26 u.l.;*
Hertwig, Anna *68 u.l., 70 u.r., 150 l.;*
Höpner, Ermano *17;*
Hoppe, Matthias *171;*
Hütt, Horst-Eberhard *45, 80, 81, 85;*
Kaase, Knut *26 o.l., 148 o., 149 u.l.;*
Kaase, Rita *151 o.;*
Kramarczyk, Jan A. *6, 199;*
Kreyssik, Gerd *21-23, 26 r., 149 o.l.;*
Krüger, Ludwig *144, 145;*
Lampl, Leo *151 u.;*
Mareczek, Eleonore *68 o.r., 69 o.l.;*
Morgenroth, Veit *149 o.r;*
Niessen, Henny *14, 15, 70 o.r., 70 u.l.;*
Redecker, Tom *68 u.r.;*
Roth, Jörg *69 u.r., 76, 77;*
Oller, Franz-Josef *75, 122;*
Oller, Klaus *150 o.;*
Oswald, Robert *150 u.r.;*
Schiemann, Hans *100, 101;*
Schielein, Gerd *70 o.l.;*
Schöller, Wolfgang *87;*
Schulz, Françoise *26 m.l.;*
Schulz, Hartmut *69 o.r;*
Sieg, Helga *47, 148 u.;*
Speichert, Siegfried *1;*
Thöle, Peter *82;*
Treimer, Ferdi *25.*

Weitere Bilder:

Bentivoglio, Davide *108-111, 175;*
Burda Bildarchiv *88, 92;*
Busch, Fritz B. *152-154;*
Dietrich, Rudolf *126-129;*
Engert, Paul *62, 63;*
Ford Pressestelle *177;*
Frankfurter Societäts Verlag, Bildarchiv *107;*
Köhler, H.E. *35-39* (aus: Bleiben'se Mensch);
Leser, Rupert *154;*
Müller, Horst *93;*
Rossberg, Ralf Roman *65, 66;*
Süddeutscher Verlag *3, 24, 27, 89-91, 163, 164, 184-188, 190-195;*
Archiv Hanns-Peter von Thyssen *48-55;*
Archiv Joachim Wachtel *189.*